무작정 외우는 중학 영단어

지켜 보고 있다

외우는

교과 지정

영어교재연구원 엮음

도서 출판 **YEGA**

이 책의 특징 미리 알아보기

찾기 쉽게 사전 형식으로 엮었다

쉽게 찾을 수 있도록 사전형식으로 엮었으며 초등학교부터 중학교에 이르기까지 교육부 지정 영단어를 완벽하게 정복할 수 있다.

단어에 맞는 문장을 활용한다

단어마다 활용 빈도가 높은 예문을 같이 수록하여 한 단계 더 높은 어휘 수준을 갖출 수 있다.

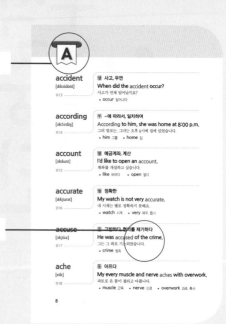

시작한 날짜와 복습 횟수를 적는다

매일 조금씩의 분량을 반복해서 외우는 습관을 들이자. 단어를 무턱대고 외우는 것보다 무한 반복하는 것이 까먹지 않는 지름길이다.

예문에 관련 단어를 같이 수록하였다

어휘를 더욱 확장할 수 있도록 예문에 쓰인 단어를 수록해 한 번 더 익힐 수 있게 하였다.

2

CONTENTS

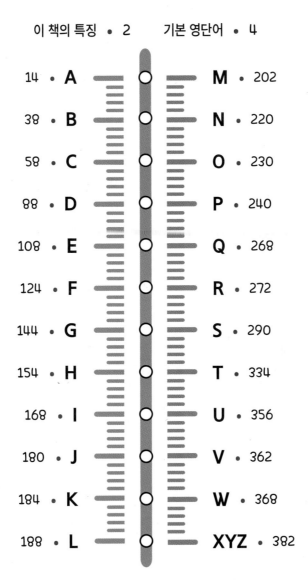

Cardinal number 기수

* 하나, 둘, 셋처럼 '세는 수'를 말합니다.

one [wʌn] 1	**two** [túː] 2
three [θríː] 3	**four** [fɔ́ːr] 4
five [fáiv] 5	**six** [siks] 6
seven [sévən] 7	**eight** [eit] 8
nine [nain] 9	**ten** [ten] 10
eleven [ilévən] 11	**twelve** [twelv] 12
thirteen [θə̀ːrtíːn] 13	**fourteen** [fɔ̀ːrtíːn] 14
fifteen [fìftíːn] 15	**sixteen** [sìkstíːn] 16
seventeen [sèvəntíːn] 17	**eighteen** [èitíːn] 18
nineteen [nàintíːn] 19	**twenty** [twénti] 20
twenty-one [twéntiwʌn] 21	**twenty-two** [twéntitúː] 22
thirty [θə́ːrti] 30	**forty** [fɔ́ːrti] 40
fifty [fífti] 50	**sixty** [síksti] 60
seventy [sévənti] 70	**eighty** [éiti] 80
ninety [náinti] 90	**hundred** [hʌndrəd] 100

thousand [θáuzənd] 1,000

ten thousand [ten θáuzənd] 10,000

hundred thousand [hʌndrəd θáuzənd] 100,000

million [míljən] 1,000,000

billion [bíljən] 1,000,000,000

Ordinal number 서수

* 첫 번째, 두 번째, 세 번째처럼 '순서를 나타내는 수'를 말합니다.

first [fə:rst] 1st	**second** [sékənd] 2nd
third [θə:rd] 3rd	**fourth** [fɔ:rθ] 4th
fifth [fifθ] 5th	**sixth** [siksθ] 6th
seventh [sévənθ] 7th	**eighth** [eitθ] 8th
ninth [nainθ] 9th	**tenth** [tenθ] 10th
eleventh [ilévənθ] 11th	**twelfth** [twelfθ] 12th
thirteenth [θə̀:rtíːnθ] 13th	**fourteenth** [fɔ̀:rtíːnθ] 14th
fifteenth [fìftíːnθ] 15th	**sixteenth** [sìkstíːnθ] 16th
seventeenth [sèvəntíːnθ] 17th	**eighteenth** [èitíːnθ] 18th
nineteenth [nàintíːnθ] 19th	**twentieth** [twéntiəθ] 20th
twenty-first [twénti-fə:rst] 21st	**twenty-second** [twénti-sékənd] 22nd
thirtieth [θə́:rtiəθ] 30th	**fortieth** [fɔ́:rtiəθ] 40th
fiftieth [fíftiəθ] 50th	**sixtieth** [síkstiəθ] 60th
seventieth [sévəntiəθ] 70th	**eightieth** [éitiəθ] 80th
ninetieth [náintiəθ] 90th	**hundredth** [hʌ́ndrədθ] 100th

thousandth [θáuzəndθ] 1,000th

ten thousandth [ten θáuzəndθ] 10,000th

hundred thousandth [hʌ́ndrəd θáuzəndθ] 100,000th

millionth [míljənθ] 1,000,000th

03 year 1년

January [dʒǽnjuèri] 1월	February [fébruèri] 2월	March [máːrtʃ] 3월	April [éiprəl] 4월
May [méi] 5월	**June** [dʒúːn] 6월	**July** [dʒuːlái] 7월	**August** [ɔ́ːgəst] 8월
September [septémbər] 9월	**October** [aktóubər] 10월	**November** [nouvémbər] 11월	**December** [disémbər] 12월

spring [spríŋ] 봄

summer [sʌ́mər] 여름

autumn [ɔ́ːtəm] 가을

winter [wíntər] 겨울

0000
January **1**

① Sunday	② Monday	③ Tuesday	④ Wednesday	⑤ Thursday	⑥ Friday	⑦ Saturday
1	2	3	4	5	6	7
8	9	10	11	12	13	14
15	16	17	18	19	20	21
22	23	24	25	26	27	28
29	30	31				

❶ **Sunday** [sʌ́ndei] 일요일

❷ **Monday** [mʌ́ndei] 월요일

❸ **Tuesday** [tjúːzdei] 화요일

❹ **Wednesday** [wénzdei] 수요일

❺ **Thursday** [θə́ːrzdei] 목요일

❻ **Friday** [fráidei] 금요일

❼ **Saturday** [sǽtərdi] 토요일

❽ **week** [wíːk] 주, 일주일

❾ **month** [mʌ́nθ] 월

❿ **year** [jíər] 년

⓫ **morning** [mɔ́ːrniŋ] 아침

⓬ **afternoon** [æftərnún] 오후

⓭ **evening** [íːvniŋ] 저녁

⓮ **night** [náit] 밤

⓯ **yesterday** [jéstərdèi] 어제

⓰ **today** [tədéi] 오늘

⓱ **tomorrow** [təmɔ́ːrou] 내일

7

05 face 얼굴

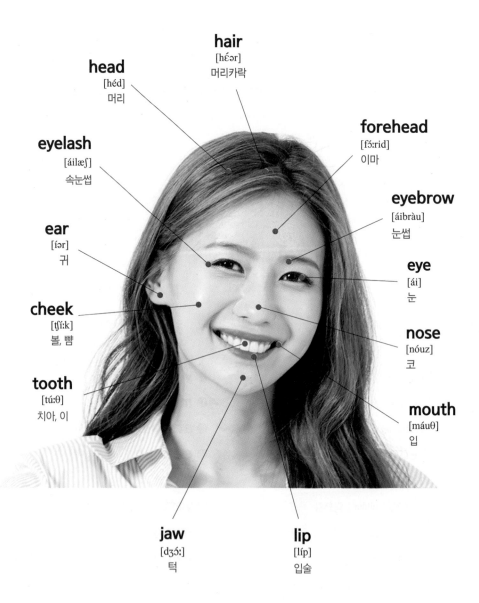

hair
[héər]
머리카락

head
[héd]
머리

forehead
[fɔ́ːrid]
이마

eyelash
[áilæʃ]
속눈썹

eyebrow
[áibràu]
눈썹

ear
[íər]
귀

eye
[ái]
눈

cheek
[tʃíːk]
볼, 뺨

nose
[nóuz]
코

tooth
[túːθ]
치아, 이

mouth
[máuθ]
입

jaw
[dʒɔ́ː]
턱

lip
[líp]
입술

body 신체

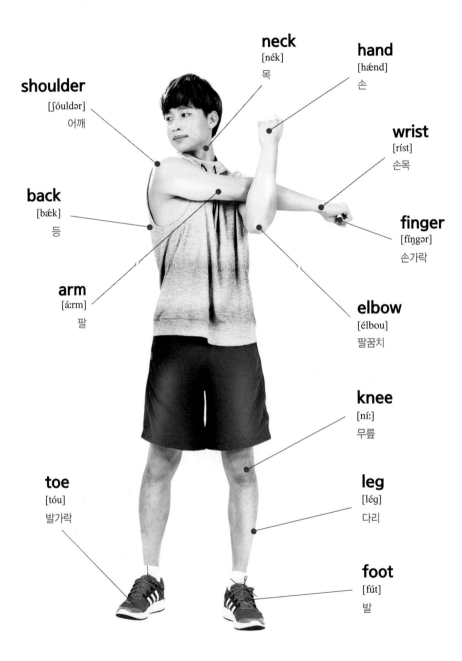

neck
[nék]
목

hand
[hǽnd]
손

shoulder
[ʃóuldər]
어깨

wrist
[ríst]
손목

back
[bǽk]
등

finger
[fíŋgər]
손가락

arm
[áːrm]
팔

elbow
[élbou]
팔꿈치

knee
[níː]
무릎

toe
[tóu]
발가락

leg
[lég]
다리

foot
[fút]
발

family 가족

grandfather
[grǽndfὰːðər] 할아버지

grandmother
[grǽndmʌ̀ðər] 할머니

father
[fὰːðər] 아버지

mother
[mʌ́ðər] 어머니

son
[sʌ́n] 아들

daughter
[dɔ́ːtər] 딸

grandson
[grǽndsʌ̀n] 손자

granddaughter
[grǽnddɔ̀ːtər] 손녀

sister
[sístər] 언니, 누나, 여동생

brother
[brʌ́ðər] 형, 오빠, 남동생

uncle
[ʌ́ŋkl]
삼촌, 작은아버지, 고모부, 이모부

aunt
[ǽːnt] 숙모, 작은어머니

up [ʌp] 위
left [lèft] 왼쪽

down [dáun] 아래
right [ráit] 오른쪽

back [bǽk] 뒤

in [in] 안, 속

beside
[bisáid] 옆

near [níər] 근처

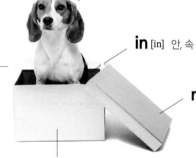

front [frʌnt] 앞

north [nɔ́ːrθ] 북쪽

west [wést] 서쪽

east [íːst] 동쪽

south [sáuθ] 남쪽

수 ＼ 인칭	단수				복수			
	주격	소유격	목적격	소유대명사	주격	소유격	목적격	소유대명사
1인칭	I 나는	my 나의	me 나를	mine 나의 것	we 우리는	our 우리의	us 우리를	ours 우리의 것
2인칭	you 너는	your 너의	you 너를	yours 너의 것	you 너희들은	your 너희의	you 너희를	yous 너희의 것
3인칭 남성	he 그는	his 그의	him 그를	his 그의 것	they 그들은	their 그들의	them 그들을	theirs 그들의 것
3인칭 여성	she 그녀는	her 그녀의	her 그녀를	hers 그녀의 것				
3인칭 중성	it 그것은	its 그것의	it 그것을					

주격   ~은, ~는, ~이, ~가의 뜻으로 주어로 쓰입니다.

He is a student.   그는 학생이다.

소유격   ~의라는 뜻으로 명사 앞에서 명사와의 소유관계를 나타냅니다.

My dream is to be a singer.   나의 꿈은 가수이다.

목적격   ~을, ~를, ~에게의 뜻으로 동사나 전치사의 목적어로 쓰입니다.

My mother loves me.   어머니는 나를 사랑하신다.

소유대명사   ~의 것이라는 뜻으로 「소유격+명사」를 나타냅니다.

These gifts are ours.   이 선물들은 우리의 것이다.

나는 내신 100점
영단어로 공부한다!!

A VOCA

대다나다

a
[ei]
001

판 하나의

There is a book on the desk.

책상 위에 책이 한 권 있어요.

• desk 책상

ability
[əbíləti]
002

명 능력, 재능

He is the man of unusual ability in the company.

그 사람은 회사에서 아주 능력이 뛰어난 사람이에요.

• unusual 유별난, 보통이 아닌 • company 회사

able
[éibl]
003

형 할 수 있는

At last I was able to get the door open.

마침내 나는 문을 열 수 있었습니다.

• at last 마침내

about
[əbáut]
004

전 ~에 대하여, 약 부 약

Let's talk about something else.

그 외에 다른 이야기를 합시다.

• talk 말하다 • something 무언가 • else 그 외에

above
[əbʌ́v]
005

전 ~보다 위에

The sky above us was clear and blue.

우리 위의 하늘은 맑고 파랗다.

• clear 맑은

abroad
[əbrɔ́:d]
006

부 해외에, 해외로

Are you going abroad this summer?

이번 여름에 외국에 갈 거니?

• summer 여름

absent

[ǽbsənt]

007

> 혱 결석한
>
> He was absent from school today.
>
> 그는 오늘 학교에 결석했습니다.
>
> • from ~로부터   • today 오늘

A

absolute

[ǽbsəlùːt]

008

> 혱 절대적인, 완전한
>
> The script is an absolute mess.
>
> 그 대본은 완전히 엉망이다.
>
> • script 대본   • mess 엉망인 상태

absorb

[æbsɔ́ːrb]

009

> 동 흡수하다
>
> The drug is absorbed through the skin.
>
> 그 약은 피부를 통해 흡수된다.
>
> • drug 약   • skin 피부

academic

[æ̀kədémik]

010

> 혱 학업의, 학교의
>
> He is very academic.
>
> 그는 매우 학구적이다.

accent

[ǽksent]

011

> 명 악센트, 강조
>
> He speaks with a strange accent.
>
> 그는 이상한 말투로 말을 합니다.
>
> • speak 이야기하다   • strange 이상한

accept

[æksépt]

012

> 동 받아들이다, 수락하다
>
> I will accept your offer.
>
> 당신의 의견을 받아들이겠어요.
>
> • offer 제의, 제안

15

accident
[ǽksidənt]

013

명 사고, 우연

There was an accident on the main road.

주요 도로에서 사고가 발생했습니다.

- main 주된

accompany
[əkʌ́mpəni]

014

동 동행하다

She was accompanied by her fiance.

그녀는 약혼자와 동행했다.

- fiance 약혼자

according
[əkɔ́:rdiŋ]

015

부 ~에 따라서, 일치하여

According to him, she was home at 8:00 p.m.

그의 말로는, 그녀는 오후 8시에 집에 있었습니다.

- him 그를 - home 집

account
[əkáunt]

016

명 예금계좌, 계산

I'd like to open an account.

계좌를 개설하고 싶습니다.

- open 열다

accurate
[ǽkjurət]

017

형 정확한

My watch is not very accurate.

내 시계는 별로 정확하지 못해요.

- watch 시계 - very 매우, 몹시

accuse
[əkjú:z]

018

동 고발하다, 혐의를 제기하다

He was accused of the crime.

그는 그 죄로 기소되었습니다.

- crime 범죄

ache

[eik]

019

동 아프다

My every muscle and nerve aches with overwork.

과로로 온 몸이 결리고 아픕니다.

• muscle 근육   • nerve 신경   • overwork 과로, 혹사

A

---

achieve

[ətʃíːv]

020

동 이루다, 달성하다

We must strive to achieve our goals.

우리는 목표를 달성하기 위해 노력해야 한다.

• strive 노력하다

---

acquire

[əkwáiər]

021

동 얻다, 습득하다

I managed to acquire two tickets for the concert.

나는 가까스로 콘서트 입장권을 두 장 샀다.

• manage 해내다

---

across

[əkrɔ́ːs]

022

전 가로질러, 건너서

He drew a straight line across the page.

그는 페이지를 가로질러 직선을 그었다.

• drew draw(그리다)의 과거   • straight line 직선

---

act

[ækt]

023

명 행동, 행위   동 행동하다

He doesn't really mean it, It's just an act.

그는 진심으로 그런 뜻이 아니야. 그냥 연기일 뿐이야.

---

actually

[ǽktʃuəli]

024

부 실제로, 사실은

It isn't expensive. Actually, it's very cheap.

그것은 비싸지 않다. 사실 매우 싸다.

• expensive 비싼   • cheap 싼

17

add
[æd]

025

> 동 더하다
>
> **This will add to our pleasure.**
> 이것은 우리를 더욱 즐겁게 할 것입니다.
>
> • pleasure 즐거움

address
[ədrés]

026

> 명 주소, 연설
>
> **May I have your name and address, please?**
> 이름과 주소를 가르쳐 주시겠습니까?
>
> • name 이름

admire
[ædmáiər]

027

> 동 존경하다, 감탄하며 바라보다
>
> **Which sports stars do you admire?**
> 너는 어떤 스포츠 스타를 존경하니?

admit
[ædmít]

028

> 동 인정하다, 허용하다
>
> **Jane admitted that she was mistaken.**
> 제인은 자신이 실수한 것을 인정했습니다.
>
> • mistaken 잘못된

adopt
[ədápt]

029

> 동 채용하다, 양자(양녀)로 삼다
>
> **We adopted the new method of production.**
> 우리는 새로운 생산 방식을 채택했다.
>
> • method 방법   • production 생산

adult
[ədʌ́lt]

030

> 명 성인, 어른
>
> **You must be accompanied by an adult.**
> 너는 반드시 어른과 동행해야 한다.
>
> • accompany 동행하다

A

advance
[ædvǽns]

031

명 발전, 발달 동 나아가다

This policy will advance world peace.

이 정책은 세계 평화를 증진시킬 것이다.

- policy 정책   • peace 평화

advantage
[ædvǽntidʒ]

032

명 유리, 이익

I think it would be to your advantage to accept.

받아들이는 것이 유리할 거란 생각입니다.

- accept 받아들이다

advise
[ædváiz]

033

동 충고하다, 조언하다

He gave me some very useful advice.

그는 나에게 매우 유용한 조언을 주었다.

- useful 유용한

affair
[əféər]

034

명 일, 사건

The affair is wrapped in mystery.

그 사건은 신비에 싸여 있습니다.

- wrap 싸다   • mystery 신비

affect
[əfékt]

035

동 영향을 주다, 감동시키다

She was affected by the news.

그 소식을 듣고 감동되었습니다.

- news 소식

afford
[əfɔ́ːrd]

036

동 여유가 있다

We can't afford any more trouble.

우리는 더 이상 말썽을 피울 여유가 없다.

- trouble 문제

19

afraid

[əfréid]

037

형 무서워하여, 두려워하여

I'm not afraid of you.

나는 당신이 두렵지 않아요.

after

[ǽftə]

038

전 뒤에, 다음에

After breakfast, he went to school.

아침을 먹은 후, 그는 학교에 갔다.

- breakfast 아침

afternoon

[ǽftərnúːn]

039

명 오후

I like to nap in the afternoon.

나는 오후에 낮잠을 자는 것을 좋아한다.

- nap 낮잠

again

[əgén]

040

부 또, 다시 한 번

Could you explain it again, please?

다시 한 번 설명해 주시겠습니까?

- explain 설명하다

against

[əgénst]

041

전 ~에 반대하여

I voted against him.

나는 그에게 반대하는 표를 던졌습니다.

- vote 투표하다   - him 그에게

age

[éidʒ]

042

명 나이, 연령

What ages are your children?

너의 아이들은 몇 살이니?

- children 아이들

A

ago
[əgóu]

043

부 전에

He left ten minutes ago.

그는 10분 전에 떠났다.

- left 떠났다

agree
[əgríː]

044

동 동의하다

I agree with your opinion.

당신의 의견에 동의합니다.

- opinion 의견

ahead
[əhéd]

045

부 앞에, 앞으로

Go straight ahead.

곧장 앞으로 나가시오.

- straight 곧장, 똑바로

aid
[eid]

046

명 지원, 원조, 도움

He went to the aid of the injured man.

그는 부상당한 사람을 도우러 갔다.

- injure 부상을 입다

aim
[éim]

047

명 목적, 겨냥   동 조준하다

He aimed the gun carefully.

그는 조심스럽게 총을 겨누었다.

- gun 총   - carefully 조심스럽게

air
[έər]

048

명 공기, 공중

The air is permeated with smoke.

연기가 공중에 퍼졌습니다.

- permeate 퍼지다   - smoke 연기

21

airport
[έərpɔ̀:rt]

049

명 공항, 비행장

Take me to the airport, please.

공항까지 가주십시오.

• take 데리고 가다

alarm
[əlá:rm]

050

명 놀람, 경보, 자명종

In case of fire, ring the alarm bell.

화재 발생시에는 비상벨을 울리세요.

• case 경우   • fire 불   • ring 울리다

alike
[əláik]

051

형 비슷한   부 마찬가지로

The two brothers are very much alike.

두 형제는 매우 닮았다.

• brother 형제

alive
[əláiv]

052

형 살아 있는

The bird was injured but still alive.

그 새는 부상을 당했지만 아직 살아 있다.

• injure 부상을 입다

all
[ɔ:l]

053

대 모두, 전부

He gave all the glory to God.

그는 신에게 모든 영광을 돌렸습니다.

• God 신

allow
[əláu]

054

동 허락하다

We don't allow smoking in our home.

우리 집에서는 흡연을 허용하지 않는다.

• smoke 흡연하다

A

almost
[ɔ́ːlmoust]

055

> 부 거의, 대부분
>
> **I almost forgot that it was his birthday today.**
> 나는 오늘 그의 생일이라는 것을 거의 잊어버렸다.
> - **forgot** forget(잊다)의 과거 ● **birthday** 생일

alone
[əlóun]

056

> 형 부 홀로, 홀로이
>
> **I was alone in the room.**
> 나는 방에 혼자 있다.

along
[əlɔ́ːŋ]

057

> 전 따라서 　 부 앞으로, 함께
>
> **He went down along the street.**
> 그는 길을 따라 내려갔습니다.
> - **down** 아래로 ● **street** 길

aloud
[əláud]

058

> 부 소리를 내어
>
> **He read the story aloud to them.**
> 그는 그들에게 소리내어 그 이야기를 읽어 주었습니다.
> - **read** 읽다 ● **story** 이야기

alphabet
[ǽlfəbèt]

059

> 명 알파벳
>
> **'A' is the first letter of the alphabet.**
> A는 알파벳의 첫째 글자입니다.
> - **first** 첫째의 ● **letter** 글자

already
[ɔːlrédi]

060

> 부 이미, 벌써
>
> **He had already left by the time I got there.**
> 내가 그곳에 도착했을 때 그는 이미 떠났다.

also
[ɔ́ːlsou]

061

〔[부]〕 또한, 게다가

She speaks English and Chinese, and also Japanese.
그녀는 영어와 중국어, 그리고 일본어도 할 줄 안다.

- English 영어   - Chinese 중국어   - Japanese 일본

although
[ɔːlðóu]

062

〔[접]〕 비록 ~일지라도

He is quite strong although he is old.
그는 나이는 많아도 아주 정정합니다.

- quite 아주, 완전히   - strong 튼튼한   - old 나이 먹은

always
[ɔ́ːlweiz]

063

〔[부]〕 항상, 언제나

The sun always rises in the east.
태양은 항상 동쪽에서 뜬다.

- east 동쪽

a.m. / A.M.
[éiém]

064

〔[명]〕 오전

We seldom met before 9 a.m.
우리는 오전 9시 이전에 만난 적이 거의 없었습니다.

- seldom 좀처럼, 드물게   - met meet (만나다)의 과거 · 과거분사

amaze
[əméiz]

065

〔[동]〕 (깜짝) 놀라게 하다

He amazes us with his magic tricks.
그는 마술로 우리를 놀라게 했다.

- magic 마술   - trick 속임수

ambition
[æmbíʃən]

066

〔[명]〕 야망, 포부

His main ambition is to be famous.
그의 주된 야망은 유명해지는 것이다.

- main 주된, 가장 큰   - famous 유명한

A

ambulance
[ǽmbjuləns]

067

명 병원차, 구급차

I need an ambulance right now.

나는 지금 당장 구급차가 필요하다.

- right now 지금 당장

among
[əmʌ́ŋ]

068

전 사이에, 가운데

She is sitting among the boys.

그녀는 소년들 사이에 앉아 있다.

- sit 앉다 - boy 소년

amount
[əmáunt]

069

명 총계, 총액

His income amount is very small.

그의 소득은 매우 적다.

- income 수입

amuse
[əmjúːz]

070

동 즐겁게 하다

We were all amused at his stories.

우리는 그의 이야기에 모두 즐거워했습니다.

- were be (있다. 존재하다)의 과거 - story 이야기

ancient
[éinʃənt]

071

형 옛날의, 고대의

He came from an ancient Catholic family.

그는 고대 가톨릭 집안 출신이다.

- Catholic 가톨릭

and
[ænd]

072

접 그리고

You are smart and brave.

당신은 영리하고 용감합니다.

- smart 똑똑한 - brave 용감한

25

angel
[éindʒəl]

073

> 몡 천사
>
> **The angel is on a cloud.**
> 천사가 구름 위에 있습니다.
>> • cloud 구름

angry
[ǽŋgri]

074

> 혱 화난, 성난
>
> **It really makes me feel angry.**
> 정말 화가 나.

animal
[ǽnəməl]

075

> 몡 동물, 짐승
>
> **The forest is full of wild animals.**
> 숲에 야생동물이 가득하다.
>> • forest 숲, 삼림 • wild 야생의

ankle
[ǽŋkl]

076

> 몡 발목
>
> **I sprained my ankle playing basketball.**
> 농구를 하다가 발목을 삐었어요.
>> • sprain 삐다 • play 놀다 • basketball 농구

announce
[ənáuns]

077

> 동 알리다, 발표하다
>
> **We will announce the news we just received.**
> 방금 들어온 뉴스를 말씀드리겠습니다.
>> • news 뉴스, 소식 • received 받아들여진

annoy
[ənɔ́i]

078

> 동 짜증나게 하다
>
> **The loud music was annoying me.**
> 시끄러운 음악이 나를 짜증나게 했다.
>> • loud 시끄러운

another

[ənʌ́ðər]

079

대 또 하나 형 또 하나의, 다른

Please show me another room.

다른 방을 보여주세요.

• room 방

answer

[ǽnsər]

080

명 대답 동 대답하다

You didn't answer his question.

넌 그의 질문에 대답하지 않았어.

• question 질문

ant

[ǽnt]

081

명 개미

The boy is touching an ant.

소년이 개미를 만지고 있습니다.

• touch 만지다

anxious

[ǽŋkʃəs]

082

형 열망하는, 걱정하는

She's anxious to go abroad.

그녀는 해외에 가고 싶어합니다.

• abroad 해외

any

[éni]

083

대 어느 것인가 형 어떤, 무슨, 무언가

Any help would be welcome.

어떤 도움도 환영 합니다.

• help 도움

apart

[əpáːrt]

084

부 떨어져서

The two buildings are three miles apart.

두 건물은 3마일 떨어져 있다.

• building 건물

27

apartment
[əpá:rtmənt]

085

명 아파트

I'm living in an apartment.
나는 아파트에 살고 있다.

apology
[əpálədʒi]

086

명 사죄

I demand an immediate apology.
나는 즉각적인 사과를 요구한다.
- demand 요구 • immediate 즉각적인

apparent
[əpǽrənt]

087

형 분명한

This fact is apparent to everybody.
이 사실은 모두에게 명백합니다.
- fact 사실 • everybody 모두, 누구나

appeal
[əpí:l]

088

명 간청, 호소, 탄원

You have the right of appeal.
당신은 항소할 권리가 있다.

appear
[əpíər]

089

동 나타나다, ~인 것 같다

He appears to be very happy.
그는 매우 행복해 보인다.
- happy 행복한

apple
[ǽpl]

090

명 사과

Many apples are on the tree.
많은 사과들이 나무 위에 달려 있다.
- many 많은, 다수의 • tree 나무

apply

[əplái]

091

동 적용하다, 신청하다

I'd like to apply for a visa.

비자를 신청하려고 합니다.

- visa 사증, 비자

A

appoint

[əpɔ́int]

092

동 임명하다, 정하다

We must appoint a new teacher soon.

우리는 곧 새 선생님을 임명해야 한다.

- soon 곧

appreciate

[əprí:ʃièit]

093

동 고맙게 여기다, 인식하다

I really appreciate your kindess.

친절히 대해줘서 정말 고마워.

- kindness 친절

approach

[əpróutʃ]

094

동 다가가다(오다)

A storm is approaching.

폭풍이 가까이 오고 있습니다.

- storm 폭풍

appropriate

[əpróuprièit]

095

형 적절한

We just don't think that's appropriate.

우리는 그게 적절하다고 생각하지 않습니다.

- just 올바른, 공정한   • think 생각하다

approve

[əprú:v]

096

동 승인하다, 찬성하다

Her parents did not approve of her marriage.

부모는 그녀의 결혼을 찬성하지 않았습니다.

- parent 부모   • marriage 결혼

approximate
[əpráksəmèit]
097

형 근사치인

The area is approximately 100 square yards.
면적은 대략 100평방 야드입니다.

- area 지역, 범위　- square 정사각형　- yard 안마당, 구내

area
[έəriə]
098

명 지역, 구역

What area do you work in?
어느 지역에서 일하십니까?

- work 일하다

argue
[á:rgju:]
099

동 논하다, 다투다

They're always arguing about money.
그들은 항상 돈 문제로 다투고 있다.

- money 돈

arm
[á:rm]
100

명 팔

They walked arm of arm.
그들은 팔짱을 끼고 걸었다.

- walk 걷다

army
[á:rmi]
101

명 군대, 육군

The army fought bravely in the war.
군대는 전쟁에서 용감하게 싸웠다.

- fight 싸우다　- brave 용감한

around
[əráund]
102

전 부 주위에, 둘레에

He put a belt around his waist.
그는 허리에 띠를 둘렀다.

- belt 벨트　- waist 허리

arrange
[əréindʒ]
103

동 준비하다, 정리하다, 계획하다
She arranged the books carefully on the shelf.
그녀는 그 책들을 선반 위에 조심스럽게 정리했다.
• carefully 조심스럽게 • shelf 선반

arrest
[ərést]
104

동 체포하다
He was arrested for stealing a car.
그는 차를 훔쳐서 체포되었다.
• steal 훔치다 • car 자동차

arrive
[əráiv]
105

동 도착하다
They have just arrived.
그들은 이제 막 도착했습니다.
• they 그들 • just 정확히, 바로

art
[aːrt]
106

명 예술, 미술
She is going to study art in Paris.
그녀는 파리에서 미술을 공부할 것이다.
• study 공부하다

article
[áːrtikl]
107

명 기사, 논설
I read an article about the President.
나는 대통령에 대한 기사를 읽었다.
• President 대통령

artificial
[áːrtəfíʃəl]
108

형 인공의
This field is covered with artificial turf.
이 경기장은 인조잔디가 깔려 있습니다.
• field 들판 • cover 덮다 • turf 잔디

as
[æz]
109

전 ~처럼　부 만큼　접 ~하는 동안에

She's the same age as me, but not as clever.
그녀는 나와 동갑이지만 영리하지는 않다.

ashamed
[əʃéimd]
110

형 부끄러운

I am ashamed to be without money.
돈 없는 것이 부끄럽습니다.

- without ~없이　• money 돈

ask
[æsk]
111

동 묻다, 질문하다

Can I ask a question?
질문 하나 해도 돼요?

- question 질문

asleep
[əslíːp]
112

형 잠이 든, 자고 있는

Father was asleep in front of the fire.
아버지는 불 앞에서 잠들어 있었다.

- in front of ~앞에

aspect
[æspekt]
113

명 측면

There's another aspect to this problem.
이 문제에는 또 다른 일면이 있다.

- problem 문제

assist
[əsíst]
114

동 도와주다

I will be glad to assist you.
나는 당신을 기꺼이 돕겠습니다.

- glad 기쁜

A

associate
[əsóuʃièit]

115

⑤ 연상하다, 연관짓다

Don't associate me with that incident.

나를 그 사건과 결부시키지 마세요.

• incident 사건

assume
[əsúːm]

116

⑤ 추정하다, 가정하다

Assuming it rains tomorrow, What shall we do?

내일 비가 온다면 어떻게 할까?

• rain 비 • tomorrow 내일

at
[ǽt]

117

⑥ 때에(시간), ~에서(장소)

I'll be at home this afternoon.

나는 오후에 집에 있을 것이다.

• afternoon 오후

atmosphere
[ǽtməsfiər]

118

⑧ 대기, 공기

We could feel a festive atmosphere.

우리는 축제 분위기를 느낄 수 있었습니다.

• feel 느끼다 • festive 축제의

attach
[ətǽtʃ]

119

⑤ 붙이다, 첨부하다

You must attach the string firmly to the kite.

연에 끈을 단단히 붙여야 한다.

• string 끈 • firm 단단한 • kite 연

attack
[ətǽk]

120

⑧ 공격 ⑤ 공격하다

Can you attack me?

당신은 나를 공격할 수 있어요?

33

attempt

[ətémpt]

121

> 명 시도 동 시도하다
>
> **His first attempt came to a failure.**
> 그의 최초 시도는 실패로 돌아갔습니다.
> - first 최초의　- failure 실패

attend

[əténd]

122

> 동 출석하다, 등교하다
>
> **Don't forget to attend the meeting.**
> 회의에 참석하는 것을 잊지 마십시오.
> - forget 잊다　- meeting 모임, 회의

attention

[əténʃən]

123

> 명 주의, 주목, 관심
>
> **The teacher told the students to pay attention.**
> 선생님은 학생들에게 주의를 기울이라고 말했다.

attitude

[ǽtitjùːd]

124

> 명 태도
>
> **I found her attitude very unfriendly.**
> 나는 그녀의 태도가 매우 불친절하다는 것을 알았다.
> - unfriendly 불친절한

attract

[ətrǽkt]

125

> 동 마음을 끌다
>
> **She was attracted by his smile.**
> 그녀는 그의 미소에 끌렸다.
> - smile 미소

audience

[ɔ́ːdiəns]

126

> 명 관객, 청중
>
> **The audience filled the hall.**
> 청중은 회관을 가득 메웠습니다.
> - fill 가득하게 하다　- hall 회관

aunt
[ænt]
127

명 고모, 숙모, 이모, 아주머니
My aunt is a very nice lady.
나의 고모는 아주 친절한 분이십니다.
- very 아주 - nice 친절한, 좋은 - lady 여성

author
[ɔ́:θər]
128

명 저자, 작가
I have read the book by the author.
그 작가가 쓴 책을 읽었습니다.
- read 읽다 - book 책

authority
[əθɔ́ːrəti]
129

명 권위, 권한
I have no authority to settle the problem.
그 문제를 해결할 권한이 내게는 없어요.
- settle 해결하다 - problem 문제

autumn
[ɔ́:təm]
130

명 가을
I left Korea last autumn.
나는 지난 가을 한국을 떠났다.
- left leave(떠나다) 과거

available
[əvéiləbl]
131

형 이용할 수 있는, 시간이 있는
I will be available on Sunday.
나는 일요일에 시간이 있을 것이다.
- Sunday 일요일

average
[ǽvəridʒ]
132

명 평균
I am of average weight.
나는 평균 몸무게다.
- weight 몸무게

A

35

avoid
[əvɔ́id]

133

> 동 피하다
> I'm allergic to cats, so I try to avoid them.
> 나는 고양이 알레르기가 있어서 그들을 피하려고 노력한다.
> • allergy 알레르기 • cat 고양이

awake
[əwéik]

134

> 동 깨다, 눈뜨게 하다
> I awoke to the sound of birds singing.
> 나는 새들이 지저귀는 소리에 깼다.
> • bird 새 • sing 노래하다

aware
[əwéər]

135

> 형 알고 있는
> I was well aware of the danger.
> 나는 그 위험을 익히 알고 있었어요.
> • well 더할 나위 없이 • danger 위험

away
[əwéi]

136

> 부 멀리, 떨어져서, 저쪽에
> I enjoy getting away from the city.
> 나는 도시를 벗어나는 것을 좋아해요.
> • enjoy 즐기다 • get 이르다, 가다

awful
[ɔ́:fəl]

137

> 형 끔찍한, 지독한
> The food tasted awful.
> 음식 맛이 지독했다.
> • food 음식 • taste 맛

awkward
[ɔ́:kwərd]

138

> 형 서투른, 어색한
> They arrived at a very awkward time.
> 그들은 매우 난처한 시기에 도착했다.
> • arrive 도착하다

나는 내신 100점
영단어로 공부한다!!

B VOCA

대다나다

baby

[béibi]

001

명 아기

She was carrying a baby on her back.

그녀는 등에 아기를 업고 있었다.

back

[bæk]

002

명 등 형 뒤쪽의

I was at the back of the queue.

나는 줄의 뒤에 있었다.

- queue 줄

background

[bǽkgràund]

003

명 배경

She's from a rather disturbed background.

그녀는 다소 불안한 배경을 가지고 있다.

- disturbed 불안한

backward

[bǽkwərd]

004

형 뒤의 부 뒤로, 거꾸로

Can you say the alphabet backward?

알파벳을 거꾸로 외울 수 있어요?

- alphabet 알파벳

bad

[bæd]

005

형 나쁜, 옳지 않은

Did you think it was bad news?

나쁜 일일 것이라고 생각했습니까?

- think 생각하다 • news 소식

bag

[bæg]

006

명 자루, 가방

She packed her books into her bag.

그녀는 책을 가방에 넣었다.

- pack 싸다

B

baggage
[bǽgidʒ]

007

명 수화물

Where can I get my baggage?
수화물 수취는 어디에서 합니까?

• can ~할 수 있다 • get 얻다

bake
[beik]

008

동 굽다

I baked the sausage myself.
소시지를 내가 직접 구웠지요.

• myself 나 자신 • sausage 소시지

balance
[bǽləns]

009

명 저울, 균형

I lost my balance and fell down.
나는 균형을 잃고 떨어졌어요.

• lost 잃은 • fell fall (떨어지다)의 과거 • down 아래로

ball
[bɔːl]

010

명 공

The pitcher threw the ball.
투수가 공을 던졌습니다.

• pitcher 투수 • threw 던지다

band
[bænd]

011

명 밴드, 악단

My brother plays the drums in a band.
우리 오빠는 밴드에서 드럼을 칩니다.

• brother 오빠 • drum 드럼

bank
[bæŋk]

012

명 은행

The bank opens at nine o'clock.
은행은 아홉시에 열립니다.

• open 열다 • nine 아홉 • o'clock 시(時)

39

bar
[ba:r]

013

> 명 막대기
>
> A transverse bar joins the two posts.
>
> 막대 하나가 그 두 말뚝을 이어 줍니다.
>
> • transverse 가로지르는 것 • join 연결하다 • post 말뚝

bargain
[bá:rgən]

014

> 명 싼 물건 동 협상하다, 흥정하다
>
> These shoes were real bargain.
>
> 이 신발은 정말 싸게 샀다.
>
> • real 진짜의

bark
[ba:rk]

015

> 동 짖다
>
> The merest noise makes his dog bark.
>
> 그의 개는 아주 작은 소리에도 짖습니다.
>
> • mere ~에 불과한 • noise 소리 • make 만들다

base
[beis]

016

> 명 기초, 근거, (야구의)베이스
>
> You should always base your opinions on facts.
>
> 항상 사실에 근거하여 의견을 제시해야 합니다.
>
> • opinion 의견 • fact 사실

basic
[béisik]

017

> 형 기초의, 기본적인
>
> You must learn the basic skills first.
>
> 기초 기술을 먼저 배워야 한다.
>
> • skill 기술

basket
[bǽskit]

018

> 명 바구니
>
> The apples are in a basket.
>
> 사과들이 바구니 안에 있어요.
>
> • apple 사과

B

bat
[bæt]
019

명 방망이, 배트, 타석
The designated hitter is up to bat.
지명타자가 타석에 나왔습니다.
- **designate** 지명하다　- **hitter** 타자

bath
[bæθ]
020

명 목욕
You will feel refreshed after a bath.
목욕을 한 후엔 시원해질 겁니다.
- **feel** 느끼다　- **refresh** 상쾌하게 하다　- **after** 후에

battle
[bǽtl]
021

명 전투
He fell in a naval battle.
그는 해전에서 전사하였습니다.
- **fell** fall(싸움터에서 죽다)의 과거　- **naval** 해군의

be
[bi]
022

동 ~이다, ~이 되다
There's nothing to be done.
더 이상 할 수 있는 일은 아무것도 없어요.
- **nothing** 아무 것　- **done** 끝난, 다 된

beach
[biːtʃ]
023

명 해변, 바닷가
I walked all the way to the beach.
해변까지 마냥 걸어갔습니다.
- **walk** 걷다　- **way** 길, 진행

bear
[béər]
024

동 참다, 견이다　명 곰
I don't think that branch will bear your weight.
그 나뭇가지가 네 무게를 지탱하지 못할 것 같아.
- **branch** 나뭇가지　- **weight** 몸무게

41

beat
[biːt]

025

동 이기다, 때리다

The rain was beating against the windows.

비가 창문을 때리고 있다.

- rain 비

beautiful
[bjúːtəfəl]

026

형 아름다운, 예쁜

He has a beautiful mansion near the beach.

그는 해변에 아름다운 저택을 소유하고 있습니다.

- mansion 대저택　　• near 가까이에　　• beach 해변

because
[bikɔ́ːz]

027

접 왜냐하면, 때문에

The event was called off because of the rain.

비가 와서 행사가 취소되었다.

- event 행사, 이벤트

become
[bikʌ́m]

028

동 되다

A tadpole will become a frog.

올챙이는 개구리가 될 것이다.

- tadpole 올챙이　　• frog 개구리

bed
[bed]

029

명 침대

He put the children to bed.

그는 아이들을 침대에 재웠어요.

- put 놓다　　• children child(아이)의 복수

beef
[biːf]

030

명 쇠고기

The beef here is very good.

이곳의 쇠고기는 아주 맛있습니다.

- good 질이 좋은

before
[bifɔ́ːr]

031

전 앞에, 전에

I've met him somewhere before.

나는 전에 어딘가에서 그를 만난 적이 있습니다.

- him 그를
- somewhere 어딘가에서

beg
[beg]

032

동 간청하다, 구걸하다

I beg that you will tell the truth.

부디 진실을 말씀해 주십시오.

- tell 말하다
- truth 진실, 사실

begin
[bigín]

033

동 시작하다

Tell me when to begin.

언제 시작할지 알려주세요.

- tell 말하다
- when 언제

behave
[bihéiv]

034

동 행동하다

She behaved with great courage.

그녀는 매우 용감하게 행동했다.

- great 큰
- courage 용기

behind
[biháind]

035

전 뒤에

I think that John is behind all this.

나는 존이 이 모든 일의 배후에 있다고 생각한다.

- think 생각하다

believe
[bilíːv]

036

동 믿다

The police don't believe him.

경찰은 그를 믿지 않는다.

- police 경찰

43

bell
[bel]

037

명 종, 종소리, 방울

I put a bell on my bike.
나는 자전거에 종을 달았다.
- bike 자전거

belong
[bilɔ́:ŋ]

038

동 속하다

I don't really feel I belong here.
난 내가 여기에 속한다고 생각하지 않아.

below
[bilóu]

039

부 아래에   전 ~의 아래쪽에

I have two people working below me.
내 밑에서 일하는 두 사람이 있다.
- two 둘   - working 일하는

belt
[belt]

040

명 벨트, 허리띠

How do you fasten this belt?
이 벨트를 어떻게 잠가야 하나요?
- fasten 잠그다

bend
[bend]

041

동 구부리다

He bent the wire into the correct shape.
그는 철사를 올바른 모양으로 구부렸다.
- wire 철사

beneath
[biní:θ]

042

전 부 아래에

We took shelter beneath a huge tree.
우리는 커다란 나무 밑으로 몸을 피했어요.
- shelter 피난 장소   - huge 거대한   - tree 나무

B

benefit
[bénəfit]

043

명 이익

Modern technology has brought many benefits.
현대 기술은 많은 이점을 가져왔다.
- **modern** 현대의   - **technology** 기술

beside
[bisáid]

044

전 옆에

She came and stood beside me.
그녀가 와서 내 옆에 섰다.
- **came** come(오다)의 과거   - **stood** stand(서다)의 과거

best
[best]

045

형 가장 좋은, 최상의

She's my best friend.
그녀는 내 가장 친한 친구이다.
- **friend** 친구

bet
[bet]

046

동 돈을 걸다 명 내기

Let's bet on who's going to win the game.
누가 경기를 이기는지 내기를 합시다.
- **going** 진행 중인   - **win** 이기다   - **game** 경기

between
[bitwíːn]

047

전 사이에

I was sitting between my parents.
나는 부모님 사이에 앉아 있었다.
- **parent** 부모

beyond
[bijánd]

048

전 저쪽에

He wouldn't travel with us beyond the border.
그는 국경 너머로는 우리와 함께 여행하지 않을 것이다.
- **border** 국경

bicycle
[báisikl]
049

명 자전거
You can share my bike.
내 자전거를 함께 타세요.
- can 해도 좋다 - share 함께 하다

big
[big]
050

형 큰, 커다란
How big of a house do you want?
얼마나 큰 집을 원하시는데요?
- house 집 - want 원하다

bill
[bil]
051

명 계산서
Let's check the bill.
계산서를 확인합시다.
- check 대조, 확인

biology
[baiálədʒi]
052

명 생물학
He has a degree in biology.
그의 생물학 학위를 가지고 있다.
- degree 학위

bird
[bəːrd]
053

명 새
An ostrich is a bird that cannot fly.
타조는 날 수 없는 새이다.
- ostrich 타조 - fly 날다

birth
[bəːrθ]
054

명 탄생, 출생
She had twins at a birth.
그 여자는 쌍둥이를 출산했어요.
- twin 쌍둥이

B

biscuit
[bískit]
055

명 비스킷

Do you want one biscuit or two?
비스킷 하나 줄까 아님 두 개 줄까?

• want 원하다, 갖고 싶다   • two 둘

bit
[bit]
056

명 조금

We need a bit of good luck.
우리는 약간의 행운이 필요하다.

• luck 행운

bite
[bait]
057

동 물다

I was afraid the dog might bite me.
나는 개가 나를 물지 않을까 걱정했다.

• afraid 겁내는

black
[blæk]
058

형 검은 명 검은색

I take it black with no sugar.
설탕 없이 블랙으로 마시겠어요.

• take 손에 잡다   • sugar 설탕

blame
[bleim]
059

동 나무라다, 비난하다

He always tries to blame other people.
그는 항상 다른 사람을 비난하려고 한다.

blanket
[blǽŋkit]
060

명 담요

Can I have another blanket please?
담요 한 장 더 갖다 주시겠어요?

• another 또 하나의

47

blind
[blaind]
061

혱 눈이 먼, 장님의

She had been blind from birth.

그녀는 태어날 때부터 장님이었다.

block
[blak]
062

몡 큰 덩이

The building occupies an entire block.

건물은 한 블록 전체를 차지하고 있습니다.

- **occupy** 차지하다 • **entire** 전체의

blood
[blʌd]
063

몡 피, 혈액

Blood is still oozing from the wound.

아직도 상처에서 피가 새어 나오고 있었습니다.

- **still** 아직도 • **ooze** 스며 나오다 • **wound** 상처

blow
[blou]
064

동 바람이 불다, (입으로)불다

It is blowing hard.

바람이 세게 불고 있습니다.

- **hard** 맹렬한

board
[bɔːrd]
065

몡 널빤지, 게시판

I could put a notice on the bulletin board at school.

학교 게시판에 벽보를 붙일 수 있을 거예요.

- **notice** 벽보 • **bulletin** 게시

boat
[bout]
066

몡 보트, 작은 배

They crossed the river in a boat.

그들은 보트를 타고 강을 건넜다.

- **cross** 건너다 • **river** 강

B

body
[bádi]

067

명 몸, 신체

How is your body condition?

몸 상태는 어때요?

• condition 상태

boil
[bɔil]

068

동 끓다

The water is boiling over.

물이 끓어 넘치고 있어요.

• water 물   • over 넘다

bomb
[bɑm]

069

명 폭탄, 수류탄

A bomb explosion damaged the building.

폭발로 인해 건물이 파손되었습니다.

• explosion 폭발   • damag 손상시키다

bone
[boun]

070

명 뼈

He broke a bone in his leg.

그는 다리에 뼈가 부러졌다.

• broke break (깨지다)의 과거   • leg 다리

book
[buk]

071

명 책

No book can compare with the Bible.

성서에 필적하는 책은 없습니다.

• compare 비유하다   • Bible 성경

boot
[buːt]

072

명 장화, 부츠

He has on a ski jacket and ski boots.

그는 스키자켓과 스키부츠를 착용하고 있습니다.

• jacket 자켓, 웃옷

border
[bɔ́:rdər]
073

圐 국경, 경계

The two countries share a common border.

양국은 국경선이 접해 있다.

- **share** 공유하다   • **common** 공통의

boring
[bɔ́:riŋ]
074

匮 지루한, 따분한

I found it boring to see movies by myself.

나는 혼자서 영화를 보면 지루하다는 것을 알았습니다.

- **found** 근거를 두다   • **see** 보다   • **movies** 영화

borrow
[bárou]
075

匧 빌리다

Can I borrow these books.

이 책들을 좀 빌릴 수 있을까요?

- **can** 할 수 있다   • **these** 이것들

both
[bouθ]
076

匰 둘 다

Both suggestions are good.

두 가지 제안 모두 좋다.

- **suggestion** 제안

bother
[báðər]
077

匧 괴롭히다

I am so busy, don't bother me now.

나 너무 바빠, 지금 귀찮게 하지 마.

- **busy** 바쁜   • **now** 지금

bottle
[bátl]
078

圐 병

The bottle is filled with water.

그 병은 물로 가득 차 있습니다.

- **fill** 가득하게 하다   • **water** 물

bottom

[bátəm]

079

명 밑바닥

The bottom of the ocean is called the seabed.

바다의 바닥을 해저라고 합니다.

- **ocean** 대양　　• **call** 부르다　　• **seabed** 해저

B

bow

[bou]

080

명 인사, 활　동 인사하다

They always bow to me very politely.

그들은 항상 내게 매우 공손히 인사를 합니다.

- **always** 늘, 항상　　• **politely** 공손히

bowl

[boul]

081

명 사발, 그릇

He ate a bowl of soup

그는 수프 한 사발을 먹었습니다.

- **ate eat** (먹다)의 과거　　• **soup** 수프. 고깃국

box

[baks]

082

명 상자

We packed the books into a box.

우리는 책을 상자에 넣었다.

- **pack** 싸다

boy

[bɔi]

083

명 소년

The school for both girls and boys.

학교는 소녀, 소년 모두를 위한 곳이다.

brain

[brein]

084

명 뇌

The brain is extremely delicate.

뇌는 극도로 섬세합니다.

- **extremely** 매우, 지나치게　　• **delicate** 섬세한

51

branch
[bræntʃ]

085

> 명 나뭇가지
>
> A large branch had fallen off the tree.
> 큰 나뭇가지가 나무에서 떨어져 있었다.
> * large 큰

brand
[brænd]

086

> 명 브랜드, 상표
>
> He likes expensive brand of clothes.
> 그는 비싼 상표의 옷을 좋아한다.
> * expensive 비싼

brave
[breiv]

087

> 형 용감한
>
> The brave policeman caught the robber.
> 그 용감한 경찰이 강도를 잡았습니다.
> * policeman 경찰 * robber 강도

bread
[bred]

088

> 명 빵
>
> My mom makes bread delicious.
> 엄마는 빵을 맛있게 만드신다.
> * delicious 맛있는

break
[breik]

089

> 동 깨다, 부수다
>
> He was the first to break the silence.
> 그가 맨 먼저 침묵을 깨뜨렸습니다.
> * first 최초의 * silence 침묵

breakfast
[brékfəst]

090

> 명 아침식사
>
> Are you still serving breakfast?
> 아침식사를 먹을 수 있습니까?
> * still 아직 * serve 제공하다

B

breath
[breθ]

091

명 숨, 호흡

She can hold her breath for three minute.

그녀는 3분 동안 숨을 참을 수 있다.

- hold 잡다

bridge
[bridʒ]

092

명 다리, 교량

A bridge over the river is under construction.

강 위에 다리가 건설 중입니다.

- river 강   • construction 건설

brief
[bri:f]

093

형 짧은, 간결한

She wrote a brief letter to his aunt.

그녀는 그의 이모에게 간단한 편지를 썼다.

- aunt 이모, 숙모

bright
[brait]

094

형 밝은, 눈부신, 빛나는

What a bright sunny day!

얼마나 화창한 날인가!

- sunny 햇살이 좋은

bring
[briŋ]

095

동 가져오다, 데려오다

Can I bring a friend to the party?

파티에 친구를 데려가도 될까요?

- friend 친구   • party 파티

broad
[brɔ:d]

096

형 폭이 넓은, 광대한

He is a broad minded person.

그는 마음이 넓은 사람입니다.

- mind 마음, 정신   • person 사람

53

broadcast
[brɔ́:dkæst]

097

통 방송하다

He broadcast the news of his pay rise.

그는 임금 인상 소식을 전했다.

• pay 보수　• rise 인상

broom
[bru:m]

098

명 빗자루　통 비로 쓸다

A new broom sweeps clean.

새 비는 잘 쓸립니다.

• new 새로운　• sweep 청소하다, 쓸다　• clean 깨끗한

brother
[brʌ́ðər]

099

명 형제, 형, 오빠, 남동생

John and peter are brother.

존과 피터는 형제이다.

brown
[braun]

100

명 갈색, 밤색　형 갈색의, 밤색의

His coat is the brown one.

그의 코트는 갈색이다.

• coat 코트

brush
[brʌʃ]

101

명 솔, 붓　통 이를 닦다

Have you brushed your teeth?

양치질 했니?

• teeth 치아

budget
[bʌ́dʒit]

102

명 예산, 비용

The government sets up a budget once a year.

정부는 1년에 한 번 예산을 편성한다.

• government 정부　• sets up ~을 세우다

B

build
[bild]
103

⑧ 짓다, 세우다
They're building a new bridge.
그들은 새로운 다리를 건설하고 있다.
- **new** 새로운　- **bridge** 다리

burden
[bə́:rdn]
104

⑲ 부담감, 짐, 책임
I won't burden you with my problems.
내 문제로 너에게 부담을 주지 않을 것이다.
- **problem** 문제

burn
[bə:rn]
105

⑧ 타다, 태우다
You should burn all those old papers.
오래된 서류들을 모두 불태워야 한다.
- **old** 오래된　- **paper** 종이

bury
[béri]
106

⑧ 묻다, 파묻다
The dog has buried a bone in the garden.
개가 정원에 뼈를 묻었다.
- **dog** 개　- **bone** 뼈　- **garden** 정원

business
[bíznis]
107

⑲ 사업, 경영, 거래
It's a pleasure to do business with you.
당신과 거래하게 되어 기쁩니다.
- **pleasure** 기쁨

busy
[bízi]
108

⑲ 바쁜
I've had a very busy morning.
나는 매우 바쁜 아침을 보냈다.
- **morning** 아침

but
[bʌt]
109

접 그러나, 그렇지만

I hate to say goodbye but it's time to go.
헤어지고 싶지 않지만 가야 할 시간이에요.

- hate 싫어하다   - say 말하다

butterfly
[bʌ́tərflài]
110

명 나비

The butterfly is sitting on the flower.
나비가 꽃에 앉아 있습니다.

- flower 꽃

button
[bʌ́tn]
111

명 버튼

You'll have to push the button.
버튼을 눌러야 하는 것입니다.

- push 밀다

buy
[bai]
112

동 사다

I bought it for cash.
그것을 현금으로 샀습니다.

- cash 현금

by
[bai]
113

전 옆에, ~에 의하여

He never plays by the rules.
그는 절대 규칙을 따르지 않는다.

- rule 규칙

bye
[bai]
114

감 잘 가요, 안녕(헤어질 때 하는 인사말)

Bye for now.
안녕히 계십시오.

- now 지금, 현재

나는 내신 100점
영단어로 공부한다!!

C VOCA

대다나다

calculate
[kǽlkjəlèit]

001

图 계산하다

Have you calculated the total yet?

총계는 아직 계산하지 않으셨습니까?

- total 합계 • yet 아직

calendar
[kǽləndər]

002

몡 달력

I got a new calendar as a gift yesterday.

어제 새 달력을 선물로 받았다.

- gift 선물 • yesterday 어제

call
[kɔːl]

003

图 부르다, 전화하다

I heard someone call my name.

누군가가 나의 이름을 부르는 것을 들었다.

- someone 누군가 • name 이름

calm
[kaːm]

004

혱 고요한

It became calm after the storm.

폭풍이 지나간 후 평온해졌다.

- storm 폭풍우

camera
[kǽmərə]

005

몡 카메라, 사진기

Don't forget to bring your camera!

카메라 가져가는 것 잊지 마세요!

- forget 잊다 • bring 가져오다

camp
[kæmp]

006

图 야영하다, 캠프하다

Shall we all get together and go camping?

이번에 다함께 캠프를 가지 않을래요?

- shall 할까요 • together 함께

C

campaign
[kæmpéin]
007

명 캠페인, 운동
Let's do a non-smoking campaign together.
금연 캠페인을 함께 합시다.
- non-smoking 금연   • together 다 함께

can
[kǽn]
008

동 할 수 있다
I can do it without your help.
당신의 도움 없이도 그것을 할 수 있습니다.
- without 없이   • help 도움

cancel
[kǽnsəl]
009

동 취소하다
The picnic was canceled because of the rain.
비 때문에 소풍이 취소되었습니다.
- picnic 소풍

cancer
[kǽnsər]
010

명 암, 악성종양
He has cancer in his stomach.
그는 위에 암이 걸렸다.
- stomach 위

candle
[kǽndl]
011

명 양초, 촛불
The candle flickered in the wind.
촛불이 바람에 깜박했습니다.
- flicker 깜박이는   • wind 바람

candy
[kǽndi]
012

명 사탕, 캔디
I gave candy to the girl.
나는 소녀에게 사탕을 주었다.
- gave give(주다)의 과거

cap
[kæp]

013

명 모자

He is looking for his cap.

남자는 모자를 찾고 있습니다.

- look for ~을 찾다

capital
[kǽpətl]

014

명 수도

He moved to the capital city, Seoul.

그는 마침내 수도인 서울로 이사했어요.

- move 이사하다
- city 도시

captain
[kǽptin]

015

명 선장

My father is the captain of the ship.

아버지는 배의 선장이다.

- father 아버지
- ship 배

car
[kaːr]

016

명 자동차

What kind of car do you drive?

당신은 어떤 차를 몰고 다닙니까?

- kind 종류
- drive 몰다

care
[keər]

017

명 주의, 조심 동 돌보다

Doctors take care of sick people.

의사는 아픈 사람을 돌봅니다.

- doctor 의사
- sick 환자들
- people 사람들

careful
[kéərfəl]

018

형 조심하는, 주의 깊은

Be careful when you cross the busy road.

번잡한 길을 건널 때는 조심해라.

- cross 횡단하다

career

[kəríər]

019

명 경력, 직업

Are you content with your career?

당신의 직업에 만족하십니까?

• content 만족하는

carrot

[kǽrət]

020

명 당근

Carrots are good for your eyes.

당근은 눈에 좋다.

• eye 눈

carry

[kǽri]

021

동 나르다, 운반하다

Can you carry this baggage alone?

혼자서 이 짐을 나를 수 있겠습니까?

• baggage 수화물, 짐 • alone 혼자 힘으로

cartoon

[ka:rtú:n]

022

명 풍자화, 만화

Mickey Mouse is my favorite cartoon character.

미키마우스는 내가 제일 좋아하는 만화 캐릭터입니다.

• favorite 마음에 드는 것 • character 특성, 인물, 캐릭터

case

[keis]

023

명 상자, 경우

We packed the books into wooden cases.

우리는 책을 나무로 만든 상자에 담았다.

• pack 싸다 • wooden 나무로 된

cash

[kæʃ]

024

명 현금

I haven't got any cash on me.

나는 현금이 하나도 없다.

cast

[kæst]

025

동 던지다, (빛을)발하다 명 배역

She was cast in the role of Ophelia.

그녀는 오필리아 역에 캐스팅되었다.

- role 역할

cat

[kæt]

026

명 고양이

A large black cat was sitting on the bed.

커다란 검은 고양이가 침대 위에 앉아 있었다.

- sit 앉다   - bed 침대

catch

[kætʃ]

027

동 잡다

The police have caught the thieves.

경찰이 도둑들을 잡았다.

- thief 도둑

cause

[kɔːz]

028

명 원인, 이유

Don't give him any cause for complaint.

불만을 제기 할 이유를 주지 마십시오.

- complaint 불평, 불만

ceiling

[síːliŋ]

029

명 (방의) 천장

The ceiling is covered with soot.

천장에 그을음이 꼈습니다.

- covered 덮인   - soot 그으름

celebrate

[séləbrèit]

030

동 기념하다, 축하하다

We celebrated Christmas with trees and presents.

나무를 장식하고 선물을 주면서 크리스마스를 축하합니다.

- tree 나무   - present 선물

C

cell
[sel]

031

명 세포, 감방, 작은방

Plant cells reproduce by dividing.

식물 세포는 분열하여 번식한다.

- reproduce 재생하다　• divide 나뉘다

central
[séntrəl]

032

형 중심의, 중앙의

My office is in the central part of the city.

나의 사무실은 시내 중심부에 있습니다.

- office 사무실　• part 부분　• city 시

century
[séntʃuri]

033

명 1세기, 백년

This story ascend to the 18th century.

이 이야기는 18세기로 거슬러 올라갑니다.

- story 이야기　• ascend 올라가다

ceremony
[sérəmòuni]

034

명 식, 의식

The ceremony occupied three hours.

의식은 세 시간 걸렸습니다.

- occupied (시간을) 요하다　• three 삼, 3

certain
[sə́ːrtn]

035

형 확신하는

It is certain that she was a nurse.

그녀가 간호사였던 것은 확실합니다.

- nurse 간호사

chain
[tʃein]

036

명 사슬

The dog freed itself of its chain.

개가 사슬에서 풀려났습니다.

- dog 개　• free 자유로운　• itself 그 자신을

63

chance
[tʃæns]

037

명 기회

Why don't you give him a second chance?

그에게 다시 기회를 주는게 어때?

- give 주다
- second 제2의, 둘째(번)의

change
[tʃeindʒ]

038

명 변화 동 바꾸다

Is the rain going to change to snow?

이 비가 눈으로 바뀌지 않을까요?

- rain 비
- going 진행 중인
- snow 눈

character
[kǽriktər]

039

명 특성, 인격

He's a strong character.

그는 강한 성격이다.

- strong 강한

charge
[tʃɑːrdʒ]

040

명 요금 동 청구하다

There is no charge to go into the museum.

박물관에 들어가는 비용은 없습니다.

- museum 박물관

charity
[tʃǽrəti]

041

명 자선, 기부, 모금

The Red Cross is an international charity.

적십자는 국제적인 자선단체다.

- Red Cross 적십자
- international 국제적인

charm
[tʃɑːrm]

042

명 매력 동 매력적이다

She can charm everyone with her smiles.

그녀는 미소로 모든 사람을 매료시킬 수 있다.

- smiles 미소

C

chase
[tʃeis]

043

동 쫓다

They chased the dog out of the kitchen.
그들은 개를 부엌에서 쫓아냈습니다.

• kitchen 부엌

chat
[tʃæt]

044

명 잡담

I've just dropped in for a chat.
잡담이나 하려고 잠시 들렀습니다.

• just 정확히, 다만 • drop 방울, 잠깐 들르다

cheap
[tʃiːp]

045

형 값이 싼

Don't you have a cheaper room?
더 싼 방은 없습니까?

• room 방

check
[tʃek]

046

동 조사하다

He checked the temperature every morning.
그는 매일 아침 온도를 확인했다.

• temperature 온도 • every morning 매일 아침

cheek
[tʃiːk]

047

명 뺨, 볼

He bulged his cheeks.
그는 볼을 불룩하게 했습니다.

• bulge 불룩함

cheer
[tʃiər]

048

명 환호, 만세

Everyone cheered when our team scored.
우리 팀이 득점을 하자 모두가 환호했다.

• score 득점

65

cheese
[tʃiːz]

049

명 치즈

We need some cheese for the sandwiches.

샌드위치에 치즈가 필요합니다.

- sandwich 샌드위치

chemist
[kémist]

050

명 화학자

The chemist lived for his research.

화학자는 자신의 연구에 전념합니다.

- research 연구, 조사

chest
[tʃest]

051

명 가슴

He was suffering from chest pains.

그는 가슴 통증을 겪고 있었다.

- suffer 시달리다　• pain 통증

chew
[tʃuː]

052

동 씹다

Always chew food well before swallowing it.

음식을 삼키기 전에 반드시 잘 씹으세요.

- Always 늘　• food 음식　• before 앞서　• swallow 삼킴

chicken
[tʃíkən]

053

명 닭, 닭고기

Feed the chickens this grain.

이 곡식을 닭에게 주세요.

- feed 먹을 것을 주다　• grain 낟알, 곡물

chief
[tʃiːf]

054

명 장, 우두머리

The chief of a family is usually father.

가장은 주로 아버지입니다.

- family 가족　• usually 보통

C

child
[tʃaild]

055

명 어린이, 아이

This is no place for children.

이곳은 아이들이 올 데가 아니에요.

• place 장소 • children 아이들

chin
[tʃín]

056

명 턱

He rested his chin in his hands.

그는 두 손으로 턱을 받치고 있었습니다.

• rest 쉬다, 휴식하다 • hand 손

chocolate
[tʃɔ́ːkələt]

057

명 초콜릿

Would you like a piece of chocolate?

초콜릿 한 조각 드시겠습니까?

• piece 한 부분

choice
[tʃɔis]

058

명 선택, 결정

I'm sure he's made the right choice.

그가 올바른 선택을 했다고 확신합니다.

• right 옳은

choose
[tʃuːz]

059

동 고르다, 선택하다

We need to choose a new class representative.

우리는 새로운 학급 대표를 뽑아야 한다.

• representative 대표

chopstick
[tʃápstik]

060

명 젓가락

He is still awkward at handling chopsticks.

그는 아직도 젓가락질이 서투르지요.

• still 아직도 • awkward 서투른 • handling 손을 대기, 조종

67

church

[tʃəːrtʃ]

061

명 교회

I'm going to church today.

나는 오늘 교회에 간다.

- today 오늘

cinema

[sínəmə]

062

명 영화, 영화관

He's worked in the cinema all his life.

그는 평생 영화관에서 일했다.

- work 일하다

circle

[sə́ːrkl]

063

명 원

The friend is drawing a circle.

친구가 원을 그리고 있어요.

- friend 친구
- drawing 그리기

circumstance

[sə́ːrkəmstæns]

064

명 상황, 환경

It's bad enough in any circumstance.

어떤 상황에서도 충분히 나쁘다.

- bad 나쁜, 부당한
- enough 충분히

citizen

[sítəzən]

065

명 시민

I became an Korean citizen.

저는 한국 시민권자가 됐습니다.

- became become(되다)의 과거

city

[síti]

066

명 도시

What's your first impression of the city?

이 도시에 대한 첫인상 어때요?

- first 첫째의
- impression 인상

C

claim
[kleim]

067

동 주장하다   명 요구, 청구

We'll send you our claim note.

배상 청구서를 보내겠습니다.

• send 보내다   • note 각서, 문서

class
[klæs]

068

명 학급, 반, 수업

What time does the next class begin?

다음 수업은 몇 시에 시작하니?

• next 다음   • begin 시작하다

clean
[kli:n]

069

형 깨끗한, 청결한

Go and clean your hands.

가서 손을 닦아라.

• go 가다   • hand 손

clear
[kliər]

070

형 맑은, 깨끗한

She's made her feelings quite clear.

그녀는 자신의 감정을 분명하게 했다.

• feeling 감정

clerk
[klə:rk]

071

명 사무원

He is employed as a clerk.

그는 사무원으로 근무하고 있습니다.

• employ 쓰다, 고용하다

clever
[klévər]

072

형 영리한, 똑똑한

He is young, clever, and rich too.

그는 젊고 영리한데다가 부자이기도 합니다.

• young 젊은   • rich 부자

client

[kláiənt]

073

명 의뢰인, 고객

My client is very picky.

내 고객은 매우 까다롭다.

- picky 까다로운

climb

[klaim]

074

동 (나무, 산 등에)오르다

I've always been interested in mountain climbing.

나는 등산에 흥미가 있습니다.

- interested 흥미를 가지고 있는
- mountain 산

clock

[klak]

075

명 시계, 탁상시계   동 기록하다

The old clock is broken.

오래된 시계가 고장 났네요.

- old 오래된
- break 고장나다

close

[klouz]

076

동 닫다   형 가까운

The door remained closed all day.

문이 온종일 닫혀 있었습니다.

- door 문
- remain 남다, 그대로이다

clothes

[klouðz]

077

명 옷, 의복

The clothes from that store are cheap.

저 가게에서 파는 옷은 싸요.

- store 가게
- cheap 값이 싼

cloud

[klaud]

078

명 구름

There's a lot of cloud today.

오늘은 구름이 많이 꼈다.

- a lot of 많은

C

club
[klʌb]
079

명 클럽, 모임

She joined her local badminton club.

그녀는 동네 배드민턴 클럽에 가입했다.

- join 함께 하다　• local 현지의　• badminton 배드민턴

coal
[koul]
080

명 석탄

My father was a coal miner.

나의 아버지는 석탄을 캐는 광부였습니다.

- miner 광부

coast
[koust]
081

명 연안, 해안

The resort is located on the coast.

휴양지는 해변에 위치해 있습니다.

- resort 휴양지　• locate 위치하다

coin
[kɔin]
082

명 동전

Change this to coins, please.

이것을 동전으로 바꿔주세요.

- change 바꾸다

cold
[kould]
083

명 감기　형 추운, 차가운

She's had two or three colds this winter.

그녀는 이번 겨울에 두세 번 감기에 걸렸다.

- winter 겨울

collect
[kəlékt]
084

동 모으다, 수집하다

She collects foreign coins.

그녀는 외국 동전을 수집한다.

- foreign 외국의

college
[kálidʒ]
085

명 칼리지, 단과대학
The art college is next to the station.
예술 대학은 역 옆에 있습니다.
- station 역

color
[kʌ́lər]
086

명 빛깔, 색
I think we should paint the room a different color.
방에 다른 색을 칠해야 한다고 생각합니다.
- different 다른

comb
[koum]
087

명 빗 동 빗질하다
I comb my hair to the right.
나는 머리를 오른쪽으로 빗어요.
- hair 머리   - right 오른쪽

combine
[kəmbáin]
088

동 결합시키다
Combine all the ingredients in a bowl.
모든 재료를 오목한 그릇에 담고 섞어라.
- ingredient 재료

come
[kʌm]
089

동 오다
You must come and visit us some time.
언제 한번 방문하세요.
- visit 방문하다

comfortable
[kʌ́mfərtəbl]
090

형 편안한, 쾌적한
This chair is very comfortable.
이 의자는 매우 편안합니다.
- chair 의자

C

command
[kəmǽnd]
091

⟨동⟩ 명령하다, 지시하다 ⟨명⟩ 명령
He commanded his men to attack.
그는 부하들에게 공격하라고 명령하였습니다.
• attack 공격하다

comment
[kάment]
092

⟨명⟩ 논평, 언급
One of boys kept making silly comments.
소년 중 하나가 계속 바보 같은 의견을 남겼습니다.
• silly 어리석은

commercial
[kəmə́:rʃəl]
093

⟨형⟩ 상업의, 무역의 ⟨명⟩ 상업
The film was a commercial success.
그 영화는 흥행에 성공했습니다.
• film 영화   • success 성공

commission
[kəmíʃən]
094

⟨명⟩ 수수료, 위원회
They get commission on top of their basic salary.
그들은 기본급 외에 커미션을 받는다.
• salary 월급

commit
[kəmít]
095

⟨동⟩ 저지르다, 약속하다
He has committed terrible crime.
그는 끔찍한 범죄를 저질렀습니다.
• terrible 끔찍한   • crime 범죄

committee
[kəmíti]
096

⟨명⟩ 위원회
She's on a lot of committees.
그녀는 많은 위원회에 소속되어 있다.

common
[kámən]

097

> 형 공통의, 흔한
> ### We share a common language.
> 우리는 공통의 언어를 공유한다.
> - share 공유하다
> - language 언어

communicate
[kəmjúːnəkèit]

098

> 동 의사소통하다, 전달하다
> ### The two ships communicated by radio.
> 두 배는 무전으로 교신했다.
> - ship 배

community
[kəmjúːnəti]

099

> 명 사회, 공동사회
> ### They have done a lot for the local community.
> 그들은 지역 사회를 위해 많은 일을 했습니다.
> - done 완료된

company
[kʌ́mpəni]

100

> 명 회사, 동반자 동 동행하다
> ### Which company do you work for?
> 어느 회사에서 일하십니까?
> - work 일하다

compare
[kəmpéər]

101

> 동 비교하다
> ### She has often been compared to her mother.
> 그녀는 어머니와 자주 비교 되어 왔다.
> - often 자주
> - mother 어머니

compete
[kəmpíːt]

102

> 동 겨루다, 경쟁하다
> ### I don't want to compete with you.
> 나는 당신과 경쟁하고 싶지 않습니다.

C

complain
[kəmpléin]

103

통 불평하다

Sally is always complaining about something.

샐리는 언제나 이런저런 불평을 한다.

• something 무언가

complete
[kəmplíːt]

104

형 완전한

We bought the house complete with furniture.

우리는 가구가 완전히 갖추어진 집을 샀습니다.

• bought buy(사다)의 과거 • furniture 가구

complex
[kəmpléks]

105

형 복잡한

This is a very complex problem.

이것은 매우 복잡한 문제다.

• problem 문제

complicated
[kámpləkèitid]

106

형 복잡한, 까다로운

Don't ask me such complicated questions.

그렇게 복잡한 질문은 하지 마라.

• ask 묻다 • questions 질문

computer
[kəmpjúːtər]

107

명 컴퓨터

That computer provided us very many services.

그 컴퓨터는 우리에게 매우 많은 서비스를 제공했다.

• provide 제공하다

concentrate
[kánsəntrèit]

108

통 집중하다

He can never concentrate upon his work.

그는 자기 일에 정신을 집중하지 못하는 사람입니다.

• never 언제나 • work 일

75

concern
[kənsə́ːrn]
109

동 관련되다, 영향을 미치다
This is a problem which concerns all parents.
이것은 모든 부모와 관련된 문제입니다.

concert
[kánsəːrt]
110

명 콘서트, 연주회
Do you like going to concerts?
음악회에 가는 것을 좋아합니까?
- like 좋아하다 • going 가기

conclude
[kənklúːd]
111

동 결론을 내리다, 끝나다
We concluded the meeting at five o'clock.
우리는 5시에 회의를 끝냈다.
- meeting 회의

condition
[kəndíʃən]
112

명 상태, 컨디션
I'm a bit out of condition at the moment.
나는 지금 몸이 좀 안 좋다.
- moment 잠시

conduct
[kándʌkt]
113

동 행동하다 명 행위
We are not satisfied with the conduct.
우리는 그 행동에 만족하지 않습니다.
- satisfied 만족하는

confidence
[kánfədəns]
114

명 신뢰, 신용, 자신감
We have complete confidence in you.
우리는 너를 전적으로 신뢰한다.

C

confident
[kánfədənt]
115

형 확신하는
He is confident that he'll pass the exam.
그는 시험에 합격할 자신이 있다.
• pass 통과하다　• exam 시험

confirm
[kənfɔ́ːrm]
116

동 확인하다 확정하다
Can I confirm my reservation?
제 예약을 확인할 수 있을까요?
• reservation 예약

confuse
[kənfjúːz]
117

동 혼란시키다, 혼동하다
His explanation was really confusing.
그의 설명은 정말 혼란스러웠다.
• explanation 설명

congratulate
[kəngrǽtʃulèit]
118

동 축하하다
I congratulate you on your success.
당신의 성공을 축하합니다.
• your 당신의　• success 성공

connect
[kənékt]
119

동 잇다, 연결하다
The line is connected.
연결이 되었습니다.
• line 선

consider
[kənsídər]
120

동 숙고하다, 고려하다
I'm considering changing my job.
나는 직업을 바꾸는 것을 고려 중입니다.
• change 바꾸다　• job 직업

77

consist
[kənsíst]

121

> 통 이루어지다, 있다
> This book consists of nine chapters.
> 이 책은 아홉 개의 장으로 구성되어 있습니다.
> • chapter 장

construction
[kənstrʌkʃən]

122

> 명 건설, 공사
> I work in the construction industry.
> 나는 건설업에 종사한다.
> • industry 산업

contact
[kántækt]

123

> 통 접촉하다　명 접촉, 연락
> He tried to shun contact with us.
> 그는 우리 접촉을 피하려 했습니다.
> • tried try (해보다)의 과거 · 과거분사　• shun 피하다

contain
[kəntéin]

124

> 통 들어 있다, 포함하다
> This bottle contains enough water for all of us.
> 이 병에는 우리 모두에게 충분한 물이 들어 있다.
> • bottle 병　• enough 충분한

content
[kəntént]

125

> 명 내용
> You should choose a book by its contents.
> 책을 고를 때는 내용을 보고 고르세요.
> • choose 고르다

contest
[kəntést]

126

> 명 대회, 시합
> The contest went off as planned.
> 콘테스트는 계획대로 진행되었습니다.
> • plan 계획

C

continue
[kəntínjuː]

127

동 계속하다

The fighting continued for two days.
전투는 이틀 동안 계속되었다.

* fight 싸우다

contract
[kántrækt]

128

명 계약서, 계약

He signed a contract for a new job.
그는 새로운 직업에 대한 계약을 체결했다.

* sign 서명하다

contrast
[kántræst]

129

명 대조

Black and white are clear contrast.
흑백은 명암 대비가 뚜렷합니다.

* black and white 흑백의   * clear 확실한

contribute
[kəntríbjuːt]

130

동 기부하다, 기여하다

Would you like to contribute?
기부하시겠습니까?

control
[kəntróul]

131

명 지배   동 제어하다

Please don't try to control me.
나를 지배하려 하지 마세요.

* try 해보다

convenient
[kənvíːnjənt]

132

형 편리한

What's a convenient time for you?
언제가 괜찮으시겠어요?

79

conversation
[kànvərséiʃən]

133

명 회화, 대담, 대화

We had a long conversation about sport.

우리는 스포츠에 대해 긴 대화를 나눴다.

• long 긴   • sport 스포츠

cook
[kuk]

134

명 요리사   동 요리하다

This fish is very well cooked.

이 생선은 아주 맛있게 요리되었어요.

• fish 물고기   • very 아주   • well 더할 나위 없이

cookie/cookey
[kúki]

135

명 쿠키, 롤빵

He was chomping on a cookie.

그는 쿠키를 우적우적 먹었습니다.

• chomp 우적우적 씹음

cool
[ku:l]

136

형 시원한, 서늘한

The weather was nice and cool.

날씨가 좋고 시원했다.

• weather 날씨, 일기   • nice 좋은

cooperate
[kouápərèit]

137

동 협력하다

I will cooperate with them.

나는 그들에게 협력할 겁니다.

• with 상대로   • them 그들을

copy
[kápi]

138

명 복사, 복제   동 그대로 옮겨 쓰다

Could you copy these documents?

이 서류들을 복사해 주시겠습니까?

• document 서류

C

corner
[kɔ́:rnər]
139

명 구석, 모퉁이
Turn left at the next corner.
다음 모퉁이에서 좌회전하십시오.
- turn 돌리다　• left 왼쪽　• next 다음

correct
[kərékt]
140

형 옳은
I want to live in a correct manner.
나는 성실하고 바르게 살고 싶습니다.
- want 원하다　• live 삶　• manner 방법, 예의

cost
[kɔːst]
141

명 가격, 원가
Think about the cost of bringing up a child!
아이를 키우는 데 드는 비용을 생각해 보라.
- think about ~에 대해 생각하다

cotton
[kátn]
142

명 면, 목화
The dress is made of 100% pure cotton.
그 드레스는 100% 순면 소재로 만들어졌다.
- pure 순수한

cough
[kɔːf]
143

동 기침을 하다
She was coughing and sneezing all day.
그녀는 하루 종일 기침과 재채기를 했다.
- sneeze 재채기하다　• all day 하루 종일

count
[kaunt]
144

동 세다
Hold this position for a count of 10.
이러한 자세를 열을 셀 동안 유지하라.
- hold 유지하다　• position 위치, 자세

country
[kʌ́ntri]

145

명 나라, 국가, 시골

Have you visited this country before?

전에 이 나라를 방문한 적이 있습니까?

• visit 방문하다

couple
[kʌ́pl]

146

명 한 쌍, 둘

We've invited three other couples to dinner.

우리는 세 커플을 저녁식사에 초대했다.

• invite 초대하다

courage
[kə́ːridʒ]

147

명 용기

We admired him for his courage.

우리는 그의 용기를 칭찬해 주었습니다.

• admire 칭찬하다, 감탄하다

course
[kɔːrs]

148

명 과목, 경로

I think this course is too hard for me.

이 과목은 나한테 아주 어려운 것 같아요.

• think 생각하다   • hard 굳은, 어려운

court
[kɔːrt]

149

명 법정, 법원

The court will soon rule on the matter.

법정은 그 사건에 대해 곧 판결을 내릴 것입니다.

• soon 이윽고, 곧   • rule 규칙, 명령   • matter 사건

cousin
[kʌ́zn]

150

명 사촌

My cousin has a pet dog.

내 사촌은 애완용 개를 갖고 있어요.

• pet 애완동물   • dog 개

cover

[kʌ́vər]

151

図 가리다, 덮다

She covered her knee with a blanket.

그녀는 담요로 무릎을 덮었다.

• knee 무릎　• blanket 담요

---

cow

[kau]

152

명 암소

She put a yoke on the cow.

그녀는 소에게 멍에를 메웠습니다.

• put 놓다, 얹다　• yoke 멍에

---

crack

[kræk]

153

图 갈라지다　명 금, 균열

There was a crack in the wall.

벽에 금이 갔다.

---

crazy

[kréizi]

154

형 미친, 열중한

This noise is driving me crazy.

이 소음은 나를 미치게 한다.

• noise 소음　• driving 운전, 영향력이 큰

---

cream

[kriːm]

155

명 크림

Have some cream in your coffee.

커피에 크림을 넣으십시오.

• coffee 커피

---

create

[kriéit]

156

图 창조하다

The new road will create a lot of traffic.

새 도로는 많은 교통량을 불러 일으킬 것이다.

• traffic 교통량

83

credit
[krédit]

157

명 신용

He has a poor credit rating.

그는 신용이 좋지 않습니다.

- poor 가난한   - rating 등급을 정함

crime
[kraim]

158

명 죄, 범죄

Drug smuggling is a serious crime.

마약 밀수는 심각한 범죄다.

- Drug smuggling 마약 밀매

criticism
[krítəsìzm]

159

명 비판, 비난, 비평

Your criticisms seem to have offended him.

너의 비평이 그의 기분을 상하게 한 것 같다.

- offend 기분 상하게 하다

crop
[krap]

160

명 수확, 농작물

The crops were badly damaged in the storm.

폭풍우에 농작물이 심하게 손상되었다.

- damage 피해   - storm 폭풍

cross
[krɔ:s]

161

동 가로지르다   명 십자가

Take care when you cross the road.

길을 건널 때는 조심해라.

- take care 조심하다

crowd
[kraud]

162

명 군중   동 붐비다

There were crowds of people at the theater.

극장에는 많은 사람이 있었습니다.

- theater 극장

cruel
[krúːəl]

163

형 잔혹한

The system of law was cruel and unjust.

그 법의 시스템은 잔인하고 불공평하지요.

- system 체계, 계통   • law 법   • unjust 불공평한

crush
[krʌʃ]

164

동 눌러 부수다, 찌부러뜨리다

Wheat is crushed to make flour.

밀을 으깨어 밀가루를 만든다.

- Wheat 밀   • flour 밀가루

cry
[krai]

165

동 울다, 외치다

Don't make her cry anymore.

더 이상 그녀를 울리지 마십시오.

- make 만들다   • anymore 이제는

culture
[kʌ́ltʃər]

166

명 문화

Western culture is different from Asian culture.

서양 문화는 아시아 문화와 다릅니다.

- western 서양의   • Asian 아시아의

cure
[kjuər]

167

동 치유하다   명 치유

This medicine cured me.

이 약을 먹고 병이 나았다.

- medicine 약

curious
[kjúəriəs]

168

형 호기심 있는, 궁금한

We were curious to know where she'd gone.

우리는 그녀가 어디로 갔는지 궁금했다.

- gone 떠난

current
[kə́:rənt]
169

형 현재의 명 흐름

The current in the river is slow.
강의 흐름이 느립니다.
- river 강 - slow 느리다

curtain
[kə́:rtn]
170

명 커튼

I'll draw the curtain as it's getting dark.
날이 어두워지니까 커튼을 쳐야겠다.
- draw 끌어당기다 - dark 어두운

curve
[kə:rv]
171

명 커브

Two cars crashed on that curve.
두 대의 차가 저 커브에서 충돌했습니다.
- car 차 - crash 충돌

custom
[kʌ́stəm]
172

명 관습, 풍습

My wife likes the old English customs.
내 아내는 오래된 영국 풍습을 좋아한다.
- wife 아내

cut
[kʌt]
173

동 자르다

The hairdresser cut my hair.
미용사가 내 머리를 잘랐다.
- hairdresser 미용사

cute
[kju:t]
174

형 귀여운, 사랑스러운

He was so cute and friendly.
그는 아주 귀엽고 친절하였습니다.
- friendly 친한, 친절한

나는 내신 100점
영단어로 공부한다!!

D VOCA

dad
[dæd]

001

명 아빠

His dad usually washes the dishes.

그의 아버지께서는 항상 설거지를 하십니다.

• usually 보통　• wash 씻다　• dishes 접시, 식기류

daily
[déili]

002

형 매일의

The milk is delivered twice daily.

그 우유는 하루에 두 번 배달된다.

• milk 우유　• twice 두 번

damage
[dǽmidʒ]

003

명 피해, 손상

The storm caused extensive damage.

폭풍이 광범위한 피해를 주었다.

• storm 폭풍　• extension 확대

damp
[dæmp]

004

형 축축한, 습기 찬

The house felt cold and damp.

그 집은 춥고 축축했다.

• felt feel(감촉)의 과거　• cold 추운

dance
[dæns]

005

동 춤추다

Let's just have one more dance.

춤 한 번만 더 추자.

• one more 한 번 더

danger
[déindʒər]

006

명 위험

I was warned of the danger.

위험에 대해 경고 받았습니다.

• warn 경고하다

D

dare
[dɛər]
007

동 감히 ~하다

How dare you take my car without asking me?

감히 묻지도 않고 내 차를 가져가다니?

- **take** 가지고 가다 · **without** ~없이

dark
[da:rk]
008

형 캄캄한, 어두운

When I got home it was very dark.

내가 집에 도착하였을 때는 매우 어두웠습니다.

- **got get** (도착하다)의 과거 · 과거분사

date
[dɛit]
009

명 날짜

What's the date today?

오늘은 며칠입니까?

- **today** 오늘

daughter
[dɔ́:tər]
010

명 딸

That daughter of yours has a great sense.

당신 딸은 센스가 상당하군요.

- **great** 큰, 굉장한 · **sense** 감각

dawn
[dɔ:n]
011

명 새벽

Tom woke me at dawn.

톰은 새벽에 나를 깨웠다.

- **woke** wake(깨다)의 과거

day
[dei]
012

명 낮, 하루, 날

There are seven days in a week.

일주일에 7일이 있습니다.

- **seven** 7 · **week** 주

dead
[ded]

013

형 죽은, 조용한

We found the dead body of a fox.

우리는 여우의 시신을 발견했다.

- found find(찾다)의 과거　• body 신체

deaf
[def]

014

형 귀가 먹은

She is deaf in one ear.

그녀는 한쪽 귀가 들리지 않습니다.

- ear 귀

deal
[diːl]

015

동 분배하다, 나눠주다　명 거래

The deal has finally come.

협상이 드디어 잘 되었습니다.

- finally 최후의, 마지막에　• come 오다

dear
[diər]

016

형 사랑스러운, 소중한

You are so dear to my heart.

당신은 나한테 너무나 소중한 존재예요.

- heart 마음, 사랑하는 사람

debate
[dibéit]

017

명 토론, 논쟁　동 토론하다

Our main debate is social welfare.

우리의 주된 토론은 사회 복지다.

- main 주된　• social welfare 사회 복지

debt
[det]

018

명 빚, 부채

I have a debt to settle with him.

그에게 청산해야 할 빚이 있습니다.

- settle 청산하다

D

deceive
[disíːv]
019

동 속이다

We will not deceive you on any terms.

우리는 결코 당신을 속이지 않겠어요.

• any 조금도 • term 조건, 약정

decide
[disáid]
020

동 결정하다, 결심하다

She has decided to become a teacher.

그녀는 교사가 되기로 결심했습니다.

• become ~이 되다 • teacher 교사

declare
[dikléɔr]
021

동 선언하다

The judge declared the accused guilty.

판사는 피고에게 유죄를 선고했습니다.

• judge 판사 • accused 피고인 • guilty 유죄의

decorate
[dékərèit]
022

동 꾸미다, 장식하다

We decorated the Christmas tree with star.

우리는 크리스마스트리를 별로 장식했다.

• Christmas 크리스마스 • tree 나무 • star 별

decrease
[dikríːs]
023

명 감소 동 줄다

The population is projected to decrease.

인구가 감소할 것으로 예상됩니다.

• population 인구 • project 예측하다, 예상하다

deep
[diːp]
024

형 깊은, 깊숙이 들어간

The river is very deep here.

이 강은 매우 깊다.

• river 강

defeat
[difíːt]

025

명 패배　동 패배시키다

It was lack of money that defeated their plan.
그들의 계획을 좌절시킨 것은 돈 부족이었다.
- lack 부족　• plan 계획

defend
[difénd]

026

동 방어하다, 지키다

We must stay and defend the city.
우리는 남아서 도시를 지켜야 한다.
- stay 머물다　• city 도시

definite
[défənit]

027

형 뚜렷한, 확실한

I can see a definite improvement in your work.
너의 일이 확실히 개선된 것을 알 수 있다.
- improvement 개선

degree
[digríː]

028

명 학위, 정도

The students have different degrees of ability.
학생들은 능력이 다릅니다.
- ability 능력

delay
[diléi]

029

동 지연시키다, 미루다　명 지연, 지체

The bad weather delayed us.
날씨가 나빠서 우리는 지체되었다.
- weather 날씨

deliberate
[dilíbərit]

030

형 계획적인, 신중한

He is deliberating how to do it.
그는 그것을 하는 방법을 깊이 생각하고 있습니다.
- how 어떻게

D

delicate
[délikət]

031

형 섬세한, 우아한

She had long delicate fingers.

그녀는 길고 섬세한 손가락을 가지고 있다.

• long 긴   • finger 손가락

delicious
[dilíʃəs]

032

형 맛있는

Thank you for the delicious meal.

맛있는 식사 감사합니다.

• meal 식사

delight
[diláit]

033

명 기쁨

She took delight in to hearing the news.

그녀는 그 소식을 듣고 기뻐했습니다.

• took take (받아들이다)의 과거   • hearing 청각, 듣기

deliver
[dilívər]

034

동 배달하다, 전하다

The parcel was delivered to my door.

소포가 문 앞으로 배달되었다.

• parcel 소포   • door 문

demand
[dimǽnd]

035

명 요구 동 요구하다, 따지다

I demanded to know the truth.

나는 진실을 알고 싶다고 요구했다.

• truth 사실

democratic
[dimǽnd]

036

형 민주주의의

Let's be democratic about this and take a vote.

이것에 대해 민주적으로 투표합시다.

• vote 투표

dentist
[déntist]

037

명 치과의사

I've got to go to the dentist's this afternoon.
나는 오늘 오후에 치과에 가야 한다.
- go 가다　• afternoon 오후에

deny
[dinái]

038

동 부정하다, 취소하다

It is no use your trying to deny it.
당신이 부정해도 소용없어요.
- use 쓰다, 사용하다　• trying 견디기 어려운

department
[dipá:rtmənt]

039

명 부, 부문

Which department are you in?
부서가 어떻게 되세요?

departure
[dipá:rtʃər]

040

명 출발, 떠남

When is the departure time?
출발시간은 언제입니까?

depend
[dipénd]

041

동 의존하다, 믿다

Plants depend on sunlight and water.
식물은 햇빛과 물에 의존합니다.
- plant 식물　• sunlight 햇빛　• water 물

depressed
[diprést]

042

형 우울한

He was feeling depressed.
그는 우울해하고 있었다.
- feel 느끼다

D

descend
[disénd]

043

동 내리다, 내려가다

The road descends steeply.

도로가 급한 내리막으로 되어 있습니다.

- road 도로 - steeply 가파른, 급경사진

describe
[diskráib]

044

동 묘사하다

She described the animal she had seen.

그녀는 자신이 본 동물을 묘사했다.

- animal 동물

desert
[dézərt]

045

명 사막, 황무지

They got lost in the desert.

사막에서 길을 잃었습니다.

- lost 길을 잃은

deserve
[dizə́:rv]

046

동 ~을 받을만 하다

You deserve a prize.

당신은 상을 받을 만한 자격이 있습니다.

- prize 상

design
[dizáin]

047

명 디자인

They have designed a new type of engine.

그들은 새로운 종류의 엔진을 디자인했다.

- type 유형 - engine 엔진

desire
[dizáiər]

048

동 바라다 명 욕구, 갈망

Peace is desired by everybody.

평화는 모든 사람의 바람입니다.

- peace 평화 - everybody 각자 모두

desk
[desk]
049

명 책상

Where did you buy this desks?
이 책상은 어디서 샀습니까?

dessert
[dizə́:rt]
050

명 디저트, 후식

Would you like some coffee for dessert?
후식으로 커피를 하겠어요.
- would 할 것이다   - coffee 커피

destroy
[distrɔ́i]
051

동 파괴하다

The fire destroyed most of the building.
그 화재로 건물 대부분이 소실되었다.
- fire 불   - building 빌딩

detail
[dí:teil]
052

명 세부 사항

Could you explain it in more detail?
좀 더 자세히 설명해 주시겠습니까?
- explain 설명하다   - more 보다 많이

determine
[ditə́:rmin]
053

동 결정하다, 결심하다

He firmly determined to try again.
그는 한 번 더 해보려고 굳게 결심했습니다.
- firmly 굳게, 단단히   - try 해보다   - again 다시

develop
[divéləp]
054

동 발전시키다, 성장하다

This flower developed from a tiny seed.
이 꽃은 작은 씨앗에서 자랐다.
- flower 꽃   - tiny 아주 적은   - seed 씨앗

device
[diváis]

055

명 장치, 고안

They use a special device for opening the bottles.
그들은 병을 열기 위해 특별한 장치를 사용한다.

- special 특별한　• bottle 병

devote
[divóut]

056

동 바치다, 전념하다

He devoted full time to helping his son.
그는 아들을 돕는 일에 모든 시간을 바쳤습니다.

- full 찬, 가득한　• helping 도움의　• son 아들

diagram
[dáiəgræm]

057

명 도표, 도형

We drew a diagram of the machine.
우리는 기계의 도표를 그렸다.

- machine 기계

dialogue
[dáiəlɔ̀ːg]

058

명 대화

Their dialogue was interrupted by his voice.
그들의 대화는 그의 목소리에 의해 중단되었다.

- interrupt 방해하다　• voice 목소리

diamond
[dáiəmənd]

059

명 다이아몬드

There is a flaw in the diamond.
그 다이아몬드에는 흠이 있습니다.

- flaw 흠, 결점

diary
[dáiəri]

060

명 일기, 메모장

I am keeping a diary of our holiday.
나는 우리의 휴일에 대한 일기를 쓰고 있다.

- holiday 휴일

97

dictionary
[díkʃənèri]

061

명 사전

I can't do without this dictionary.

이 사전 없이는 해나갈 수가 없습니다.

- without 없이는

die
[dai]

062

동 죽다, 사망하다

My father just died last month.

나의 아버님이 지난달 돌아가셨습니다.

- just 정확히, 바로 · last 맨 마지막의 · month 달

diet
[dáiət]

063

명 다이어트, 식습관

Shall we go on a diet together?

우리 함께 다이어트 할까요?

- together 함께

different
[dífərənt]

064

형 다른, 상이한

We need a different kind of test.

다른 종류의 검사가 필요합니다.

- need 필요 · kind 종류 · test 검사

difficult
[dífikʌlt]

065

형 곤란한, 어려운

The exam questions were all very difficult.

시험문제는 모두 매우 어려웠다.

- exam 시험 · question 질문

dig
[dig]

066

동 파다

He is digging in the sand.

그는 모래를 파고 있습니다.

- sand 모래

D

diligent
[dílədʒənt]

067

형 근면한, 부지런한

On the whole Koreans are diligent.

대체로 한국인은 부지런합니다.

• whole 전부의

dinner
[dínər]

068

명 저녁식사, 만찬

I usually have dinner very late.

나는 보통 늦게 저녁을 먹습니다.

• usually 보통의 • late 늦은

direct
[dɪrèkt]

069

형 똑바른, 직접적인

Does this train go direct to Seoul?

이 열차 서울까지 직행입니까?

• train 열차

direction
[dirékʃən]

070

명 방향, 지시, 목표

They drove off in the direction of Seoul.

그들은 서울 방향으로 출발했다.

• drove drive(운전하다)의 과거

dirty
[də́:rti]

071

형 더러운

Why are your clothes so dirty?

옷이 왜 이렇게 더럽니?

• clothes 옷, 의복

disagree
[dìsəpɔ́intid]

072

형 동의하지 않는다, 다르다

We always disagree about everything.

우리는 항상 모든 것에 대해 의견이 다르다.

• everything 모든 것

disappear
[dìsəpɔ́intid]

073

동 사라지다, 없어지다
The dog disappeared into some bushes.
그 개는 어떤 덤불 속으로 사라졌다.
- bush 덤불, 관목

disappointed
[dìsəpɔ́intid]

074

형 실망한
Are you disappointed at losing the race?
경주에 패배한 것에 실망했나요?
- race 경주

disaster
[dizǽstər]

075

명 참사, 재난
It was nothing less than a disaster.
그것은 그야말로 대재난이었습니다.
- nothing 아무 것 · less 보다

discipline
[dísəplin]

076

동 훈련하다 명 훈육, 단련법
I don't actually have a lot of discipline.
그렇게 많이 훈련하지 않았어요.
- actually 실제로 · lot 대단히, 크게

discount
[dískaunt]

077

명 할인, 디스카운트
Our clients receive a 50 per cent discount.
우리 고객들은 50% 할인을 받는다.
- client 고객 · receive 받다

discover
[diskʌ́vər]

078

동 발견하다
We discovered an old map in the basement.
우리는 지하실에서 오래된 지도를 발견했다.
- map 지도 · basement 지하층

D

discuss
[diskʌs]

079

동 토론하다, 상의하다

We discussed the matter.

우리는 그 문제를 토론했습니다.

• matter 문제

disease
[dizíːz]

080

명 병, 질병

Quite a lot of children suffer from this disease.

많은 어린이가 이 질병으로 고통받고 있다.

• quite 꽤   • suffer 고통받는다

disgusting
[dɪsgʌstɪŋ]

081

형 구역질나는, 역겨운

That garbage in the streets is disgusting.

거리의 저 쓰레기는 구역질이 납니다.

• garbage 쓰레기   • street 거리

dish
[diʃ]

082

명 접시

She put the vegetables in a dish.

그녀는 야채를 접시에 담았다.

• vegetable 야채

display
[displéi]

083

동 전시하다, 보이다

We made a display of our paintings.

우리는 그림을 전시했다.

• painting 그림

distance
[dístəns]

084

명 거리

What is the distance from home to school?

집에서 학교까지의 거리는 얼마입니까?

distinguish
[distíŋgwiʃ]

085

동 구별하다

I can't distinguish the two womans.
나는 그 여성들을 구별할 수가 없습니다.

• woman 여성

distribute
[distríbjuːt]

086

동 분배하다, 나눠주다

He was asked to distribute the prizes.
그는 상품을 나누어 달라는 요청을 받았다.

• prize 상, 상품

disturb
[distə́ːrb]

087

동 방해하다

I don't want to disturb anybody.
나는 어느 누구도 방해하는 걸 원하지 않아요.

• anybody 누구도

divide
[diváid]

088

동 나누다

Why don't we divide this apple into halves?
이 사과를 반으로 나누는게 어때요?

• apple 사과   • into ~로   • halves half(반)의 복수형

do
[duː]

089

동 하다, 행하다

What do you do to relax?
기분전환으로 무엇을 하세요?

• relax 마음을 풀다, 긴장을 풀다

doctor
[dáktər]

090

명 의사

He is a doctor in good practice.
그는 좋은 의사입니다.

• practice 실제

D

document
[dákjumənt]

091

명 문서, 서류

What document do you want?
어떤 문서를 원하세요?

- want 원하다

dog
[dɔːg]

092

명 개

Her dog is as meek as a lamb.
그녀의 개는 매우 온순합니다.

- meek 온순한
- lamb 유순한 사람

doll
[dɑl]

093

명 인형

The doll is lovely and pretty.
그 인형은 사랑스럽고 예쁘다.

- lovely 사랑스러운
- pretty 예쁜, 귀여운

door
[dɔːr]

094

명 문

Does this door lock automatically?
이 문은 자동으로 잠깁니까?

- lock 자물쇠
- automatically 자동의

double
[dʌbl]

095

형 두 배의

This costs double what it did before.
이것은 비용이 예전보다 배나 올랐습니다.

- cost 비용
- before 앞에

doubt
[daut]

096

명 의심 형 의심하다

How could you ever doubt me?
어떻게 나를 의심할 수 있습니까?

down
[daun]
097

부 아래로, 낮은 곳으로

They rolled snowballs down a hill.
그들은 눈덩이를 언덕 아래로 굴렸습니다.

- roll 굴리다   • snowball 눈덩이   • hill 아래

dozen
[dʌ́zn]
098

명 1다스, 12개짜리 한 묶음

The pencil is cheap by the dozen.
그 연필은 한 다스라야 쌉니다.

- pencil 연필   • cheap 값이 싼

drama
[dráːmə]
099

명 드라마(극), 연극

What kind of drama are you fond of?
어떤 종류의 연속극을 좋아합니까?

- kind 종류   • fond 좋아서

draw
[drɔː]
100

동 그리다, 끌다, 잡아당기다

I can't draw very well.
나는 그림을 잘 그릴 수 없다.

drawer
[drɔ́ːər]
101

명 서랍, 장롱

The drawer needs to be organized.
서랍을 정리할 필요가 있습니다.

- needs 반드시   • organized 정리된

dream
[driːm]
102

명 꿈

My dream has come true.
나의 꿈이 이루어졌습니다.

- true 정말의

104

D

dress
[dres]

103

명 드레스, 옷   동 옷을 입다

This dress really suits you.
이 옷은 정말 잘 어울립니다.

- **really** 참으로, 정말   • **suit** 옷을 입히다

drink
[driŋk]

104

동 마시다

She was drinking a cup of coffee.
그녀는 커피를 마시고 있었다.

- **a cup of** 한 잔

drive
[draiv]

105

동 운전하다

Can you drive me to the station?
역까지 태워다 주시겠어요?

- **station** (기차, 버스 등) 역

drop
[drap]

106

명 방울, 하락   동 떨어지다

I put a drop of medicine in my eye.
나는 눈에 안약을 한 방울 넣었습니다.

- **put** 놓다   • **medicine** 약, 약물   • **eye** 눈

drug
[drʌg]

107

명 약, 약품

The virtue of this drug is temporary.
이 약의 효과는 일시적입니다.

- **virtue** 효과   • **temporary** 일시의

dry
[drai]

108

형 마른, 건조한

They lived on dry bread and water.
그들은 마른 빵과 물을 먹고 살았다.

- **bread** 빵   • **water** 물

duck
[dʌk]
109

명 오리

We are looking at the duck.

우린 오리를 보고 있어요.

- looking 봄, 탐구

due
[drʌg]
110

형 ~로 인한, 때문에

His success is due to industry.

그의 성공은 근면 덕택입니다.

- success 성공
- industry 근면

dull
[dʌl]
111

형 무딘, 둔한, 지루한

I think this television show is very dull.

나는 이 텔레비전 쇼가 매우 재미없다고 생각한다.

- show 프로

during
[djúəriŋ]
112

전 ~동안

We go swimming every day during the summer.

우리는 여름 동안 매일 수영하러 갑니다.

dust
[dʌst]
113

명 먼지, 황사

There was a thick layer of dust on the books.

책 위에 먼지가 두껍게 쌓여 있었다.

- thick 두꺼운

duty
[djúːti]
114

명 의무, 임무

I feel it's my duty to help you.

널 돕는 게 내 의무라고 생각해.

- help 돕다

나는 내신 100점
영단어로 공부한다!!

E VOCA

대다나다

each
[i:tʃ]
001

대 각각의

They each want to do something different.

그들은 각자 다른 것을 하고 싶어한다.

• different 다른

eager
[í:gər]
002

형 간절히 바라는

We were eager to go out and play.

우리는 밖에 나가 놀기를 간절히 원했다.

• play 놀다

eagle
[í:gəl]
003

명 독수리

The eagle soared high above the valleys.

독수리가 골짜기 위로 높이 날았습니다.

• soar 높이 날다   • above 위쪽에   • valley 골짜기

ear
[iər]
004

명 귀

Rabbits have long ears.

토끼는 귀가 길다.

• rabbit 토끼   • long 길다

early
[ə́:rli]
005

부 일찍, 일찍이

I've got to get up early tomorrow.

나는 내일 일찍 일어나야 한다.

• tomorrow 내일

earn
[ə:rn]
006

동 벌다

How much do you earn a month?

한 달 수입은 얼마나 됩니까?

• month 한 달

earth

[əːrθ]

007

명 지구, 땅

The earth gets its light from the sun.
지구는 태양으로부터 빛을 받습니다.

- light 빛 • sun 태양

ease

[iːz]

008

명 쉬움 동 편안해지다

He jumped the wall with ease.
그는 수월하게 담을 뛰어넘었다.

- jump 뛰다

east

[iːst]

009

명 동쪽

The land swept away to the east.
그 땅은 널리 동쪽으로 뻗쳐 있었습니다.

- land 땅 • swept sweep(땅의 범위)의 과거 · 과거분사

easy

[íːzi]

010

형 쉬운

This machine is very easy to use.
이 기계는 매우 사용하기 쉽다.

- machine 기계 • use 사용하다

eat

[iːt]

011

동 먹다

What time do we eat?
우리 몇 시에 먹어요?

- What time 몇 시

economy

[ikánəmi]

012

명 경제

The economy is getting better.
경제가 점차 좋아지고 있습니다.

- better 보다 좋은

edge
[edʒ]
013

명 끝머리, 가장자리

We live on the edge of the town.

우리는 마을 변두리에 산다.

- town 마을

editor
[édətər]
014

명 편집자, 편집장

She is the editor of a local newspaper.

그녀는 지방 신문의 편집인이다.

- newspaper 신문

education
[èdʒukéiʃən]
015

명 교육, 훈련

She has had a good education.

그녀는 좋은 교육을 받았다.

effect
[ifékt]
016

명 결과, 영향

The medicine quickly took effect.

그 약은 금방 효력을 발휘했다.

- medicine 약
- quickly 빠른

efficient
[ifíʃənt]
017

형 능률적인, 효과적인

She is a quick, efficient worker.

그녀는 빠르고 능률적인 일꾼이다.

- quick 빠른
- worker 일꾼

effort
[éfərt]
018

명 노력

He made an effort to arrive on time.

그는 제 시간에 도착하려고 노력했다.

- arrive 도착하다

egg
[eg]

019

명 계란, 달걀

This hen lays an egg every day.

이 닭은 매일 한 개씩 알을 낳습니다.

- hen 암탉   • lay 알을 낳다

E

either
[íːðər]

020

대 어느 하나의

There's coffee or tea you can have either.

커피나 차 둘 중 하나를 마실 수 있습니다.

- coffee 커피   • tea 홍차, 티

elbow
[élbou]

021

명 팔꿈치

I hit my elbow against the window.

창문에 팔꿈치를 부딪쳤어요.

- hit 치다   • against 부딪치어   • window 창문

elect
[ilékt]

022

동 선거하다

She was elected the first woman president.

그녀는 첫 여자 대통령으로 선출되었다.

- president 대통령

electric
[iléktrik]

023

형 전기의

Iron transmits electricity.

철은 전기를 전도합니다.

- iron 철, 다리미   • transmit 전도하다

element
[éləmənt]

024

명 요소, 성분

It contains an element of truth.

거기에는 진리의 요소가 들어 있다.

- contain 들어있다   • truth 진실

111

elementary
[èləméntəri]

025

형 기본의, 초보의

I need books at very elementary levels.

나는 초급 수준의 책이 필요합니다.

- need 필요 - level 수평, 수준

elephant
[éləfənt]

026

명 코끼리

An elephant has a long nose.

코끼리는 코가 길어요.

- long 긴 - nose 코

elevator
[éləvèitər]

027

명 엘리베이터, 승강기

This building has no elevator.

이 건물에는 엘리베이터가 없습니다.

- building 건물

else
[els]

028

부 그 외에

Where else did you go besides Korea?

한국 말고 또 어디 갔었나요?

- besides 그 밖에

embarrass
[imbǽrəs]

029

동 당혹하게 하다

He used to embarrass me often.

그는 종종 나를 난처하게 만들곤 했어요.

- used 하는 것이 예사였다 - often 종종

emotion
[imóuʃən]

030

명 감동, 감격, 흥분

His voice was shaking with emotion.

그의 목소리는 감정에 흔들렸다.

- voice 목소리 - skaking 흔들림, 떨림

E

empire
[émpaiər]

031

명 제국, 거대 기업
The Roman Empire slowly decayed.
로마 제국은 서서히 쇠퇴했다.
- decay 쇠퇴하다

employ
[emplɔ́i]

032

동 고용하다
He is employed in a bank.
그는 은행에 근무하고 있습니다.
- bank 은행

empty
[émpti]

033

형 텅 빈, 비어 있는
Do you have any empty tables?
빈자리가 있습니까?
- any 얼마간의 　• table 테이블

enable
[inéibl]

034

동 가능하게 하다
This dictionary will enable you to understand English words.
이 사전을 보면 영어 단어를 이해할 수 있습니다.
- dictionary 사전 　• understand 이해하다 　• word 단어

encourage
[inkə́:ridʒ]

035

동 용기를 돋우다
Your success encouraged me very much.
당신의 성공은 나를 크게 고무시켰어요.
- success 성공

end
[end]

036

명 끝, 마지막 동 끝나다
Is this the end of the line?
이게 줄의 끝인가요?
- line 선, 줄

enemy
[énəmi]

037

명 적, 원수

He fought bravely against enemey.

그는 적과 용감하게 싸웠다.

- **fought** fight(싸우다)의 과거 • **bravely** 용감하게

energy
[énərdʒi]

038

명 에너지, 힘

Young people have more energy than the old.

젊은이들은 노인보다 더 많은 에너지를 가지고 있습니다.

engage
[ingéidʒ]

039

동 관여하다, 약혼하다

The new toy didn't engage the child for long.

그 새 장난감은 아이를 오래 끌어들이지 못했다.

- **toy** 장난감

engine
[éndʒin]

040

명 (기계의) 엔진

I think something is wrong with the engine.

엔진에 문제가 있는 것 같다.

- **wrong** 잘못된

engineer
[èndʒiníər]

041

명 기술자, 수리공

She is a very capable engineer.

그녀는 아주 유능한 엔지니어이다.

- **capable** 유능한

enjoy
[indʒói]

042

동 즐기다

I enjoy playing sports.

나는 운동하는 것을 즐깁니다.

- **playing** 놀다, 게임을 즐기다

E

enough
[inʌf]

043

형 충분한

They didn't have enough money to buy a car.
그들은 차를 살 돈이 충분하지 않았습니다.

- buy 사다　• car 승용차

enter
[éntər]

044

동 들어가다, 시작하다

Are you going to enter the competition?
대회에 참가하시겠습니까?

- competition 대회, 시합

entertainment
[èntərtéinmənt]

045

명 오락, 여흥

He is in the entertainment business.
그는 연예계에 종사하고 있다.

enthusiasm
[enθú:ziǽzəm]

046

명 열심, 열중

I was attracted by her youth and enthusiasm.
나는 그녀의 젊음과 열정에 끌렸습니다.

- attract 마음을 끌다　• youth 젊음

entire
[entáiər]

047

형 전체의

May I copy an entire book?
책 한 권 전체를 다 복사할 수 있나요?

- copy 복사

envelope
[énvəlòup]

048

명 봉투

He tore open the envelope.
그는 봉투를 뜯어서 열었어요.

- tore tear(찢다)의 과거　• open 열다

115

environment
[inváiərənmənt]
049

명 환경

Children need a happy home environment.
아이들은 행복한 가정환경이 필요하다.
- happy 행복한

envy
[énvi]
050

명 질투, 부러움

Their health service is the envy of the world.
그들의 건강 서비스는 세상의 부러움이다.
- health service 공공 의료 서비스

equal
[íːkwəl]
051

형 평등한, 동일한, 같은

Cut the cake into six equal pieces.
케이크를 똑같이 6조각으로 잘라라.
- cut 자르다   - piece 조각

equipment
[ikwípmənt]
052

명 장비, 용품

He has a lot of photographic equipment.
그는 많은 사진 장비를 가지고 있다.
- photographic 사진의

erase
[iréis]
053

동 지우다

He erased the wrong word.
그는 잘못 쓴 글자를 지웠습니다.
- wrong 잘못된   - word 말, 낱말

error
[érər]
054

명 잘못, 실수

The accident was caused by human error.
이번 사고는 인간의 과실이 원인이었다.
- accident 사고   - human 인간

escalator
[éskəlèitər]
055

명 에스컬레이터

The escalator is out of order.
에스컬레이터는 고장 났습니다.

- order (기계의) 정상상태

escape
[iskéip]
056

동 탈출하다

She tried to escape her responsibilities.
그녀는 책임을 회피하려고 했다.

- responsibility 책임

especially
[ispéʃəli]
057

부 특히, 각별히

It is especially cold this morning.
오늘 아침은 유난히 춥습니다.

- cold 추운
- morning 아침

essay
[ései]
058

명 수필

I wrote an essay about my father.
나는 아버지에 대한 에세이를 썼다.

- wrote write(쓰다)의 과거

essential
[isénʃəl]
059

형 필수의

I had only the bare essentials.
나는 기본적인 것만 가지고 있었다.

- only 유일한
- bare 극소량의

establish
[istǽbliʃ]
060

동 설립하다

The hotel was established last year.
그 호텔은 작년에 설립되었다.

- last year 작년

117

even
[íːvən]

061

061

부 조차, ~라도

The film was even more boring than I'd expected.

그 영화는 내가 기대했던 것보다 훨씬 더 지루했다.

- **film** 영화 - **boring** 지루한

evening
[íːvniŋ]

062

명 저녁, 밤

Are you planning to go out this evening?

오늘 저녁 외출을 계획하고 있습니까?

- **planning** 계획

ever
[évər]

063

부 언제나, 이전에

Have you ever been abroad?

해외여행을 해본 적이 있어요?

- **abroad** 외국으로

every
[évriː]

064

형 모든

You need to practise every day.

당신은 매일 연습을 해야 합니다.

- **need** 필요, 소용 - **practice** 연습

evidence
[évidəns]

065

명 증거

An important piece of evidence has been found.

중요한 증거가 발견되었다.

- **important** 중요한 - **found** find(찾다)의 과거

evil
[íːvəl]

066

형 사악한, 악랄한

What an evil smell!

정말 악취가 나는군!

- **smell** 냄새

exact

[igzǽkt]

067

형 정확한

You have to be very exact to do this job.

이 일을 하려면 아주 정확하게 해야 한다.

- job 일, 직장

exam

[igzǽm]

068

명 시험

We've got a maths exam tomorrow.

우리는 내일 수학 시험이 있다.

- maths 수학

examine

[igzǽmin]

069

동 조사하다

The police examined the room for fingerprints.

경찰은 그 방에 지문이 있는지 조사했다.

- fingerprint 지문

example

[igzǽmpl]

070

명 보기, 사례

Her courage is a shining example to us all.

그녀의 용기는 우리 모두에게 빛나는 본보기다.

- courage 용기 ・ shining 빛나는

excellent

[éksələnt]

071

형 뛰어난, 우수한, 탁월한

He will make an excellent scholar.

그는 훌륭한 학자가 될 것입니다.

- scholar 학자

except

[iksépt]

072

동 제외하다

Any day will do except Sunday.

일요일이 아니면 언제라도 좋습니다.

- Sunday 일요일

119

exchange
[ikstʃéindʒ]

073

명 교환, 환전　동 교환하다

Where can I exchange money?
어디서 환전을 해야 합니까?

• money 돈

excite
[iksáit]

074

동 흥분시키다, 자극하다

Is there anything exciting?
뭐 재미있는 일이 있나요?

• anything 무언가

excuse
[ikskjúːz]

075

명 변명, 이유　동 용서하다

Please excuse me for being late.
지각한 걸 용서해 주십시오.

• late 늦은

exercise
[éksərsàiz]

076

명 운동

What kind of exercise do you like?
어떤 운동을 좋아합니까?

• kind 종류　• like 좋아하다

exist
[igzíst]

077

동 존재하다, 있다

Do you really think ghosts exist?
정말로 귀신이 있다고 생각하세요?

• really 정말　• ghost 유령, 귀신

exit
[égzit]

078

명 출구　동 나가다

There's an exit sign over there.
저기 출구 표지가 있군요.

• sign 표시

E

expect
[ikspékt]

079

> 동 예상하다, 기대하다
> I expect she'll do well.
> 나는 그녀가 잘할 것이라고 기대한다.

expensive
[ikspénsiv]

080

> 형 돈이 드는, 값비싼
> Why are the white ones more expensive?
> 흰색이 왜 더 비싼가요?
> • white 흰 • more 보다 많이

experience
[ikspíəriəns]

081

> 명 경험
> It was a valuable experience for me.
> 그것은 나에게 값진 경험이었다.
> • valuable 소중한

experiment
[ikspérəmənt]

082

> 명 실험
> I was excited about the experiment.
> 나는 그 실험에 흥미를 느꼈어요.
> • excited 흥분한 • about ~에 대하여

explain
[ikspléin]

083

> 동 설명하다
> He explained how the machine worked.
> 그는 기계가 어떻게 작동했는지 설명했다.
> • machine 기계

explode
[iksplóud]

084

> 동 폭발하다
> The car caught fire and exploded.
> 차에 불이 붙어서 폭발했다.
> • caught catch(잡다)의 과거

121

export
[ikspɔ́:rt]
085

명 수출

What is that country's chief export?
그 나라의 주요 수출품은 뭔가요?

- country 나라, 국가   • chief 주요한

express
[iksprés]
086

동 표현하다   형 급행의, 빠른

He expresses himself well in English.
그는 영어로 자신을 잘 표현한다.

extend
[iksténd]
087

동 연장하다, 확장하다

Can I extend my stay here?
이곳에서 더 묵을 수 있을까요?

- stay 머무르다   • here 여기에서

extra
[ékstrə]
088

형 추가의

Do I have to pay extra for delivery?
배달에 대한 별도의 요금을 내야 하나요?

- pay 지불하다   • delivery 배달

extreme
[ikstríːm]
089

형 극도의, 심한

The heat in the desert was extreme.
사막의 더위는 극심했습니다.

- heat 열, 더위   • desert 사막

eye
[ai]
090

명 눈

She has beautiful blue eyes.
그녀는 아름다운 푸른 눈을 가졌다.

- beautiful 아름다운   • blue 파란

나는 내신 100점
영단어로 공부한다!!

F VOCA

대다나다

face
[feis]
001

명 얼굴
I'd like to talk to him face to face.
나는 그와 직접 이야기하고 싶다.
- talk 이야기하다

facility
[fəsíləti]
002

명 시설, 설비
The college has excellent sports facilities.
그 대학은 스포츠 시설이 훌륭하다.
- excellent 훌륭한

fact
[fækt]
003

명 사실, 진실
In fact, I don't want to work.
사실, 나는 일하고 싶지 않다.
- work 일

factory
[fæktəri]
004

명 공장
The factory is located in the hills.
그 공장은 언덕에 위치해 있습니다.
- locate 위치
- hill 언덕

fail
[feil]
005

명 실패   동 실패하다
I've failed my driving test three times.
나는 세 번이나 운전면허 시험에 떨어졌다.
- driving test 운전면허 시험

fair
[fɛər]
006

형 공평한, 공정한
I want to receive fair treatment.
나는 공정한 대우를 받고 싶어요.
- receive 받다
- treatment 대우

F

faith
[feiθ]
007

명 신앙, 믿음
I've got great faith in her ability to succeed.
나는 그녀의 성공 능력에 대해 큰 믿음을 가지고 있다.
- ability 능력

fall
[fɔ:l]
008

명 가을　동 떨어지다
Fall is gone.
가을이 지났습니다.
- gone 지나간

false
[fɔ:ls]
009

형 그릇된, 거짓의
He gave the police false information.
그는 경찰에게 잘못된 정보를 주었다.
- police 경찰　• information 정보

familiar
[fəmíljər]
010

형 익숙한, 친숙한
You look really familiar.
낯이 많이 익은 얼굴입니다.
- look ~하게 보이다　• really 참으로, 정말

family
[fǽməli]
011

명 가족
He ran to embrace his family.
그는 달려가서 가족들을 얼싸안았습니다.
- embrace 얼싸안다

famous
[féiməs]
012

형 유명한
What is this park famous for?
이 공원은 무엇으로 유명합니까?
- park 공원

125

fan
[fæn]
013

명 팬, 선풍기
The fan is on the table.
선풍기는 테이블 위에 있습니다.

fancy
[fǽnsi]
014

명 공상, 상상　형 원하다
I've taken a fancy to that pink hat.
나는 그 분홍색 모자를 마음에 들어 했다.
- pink 분홍색

fantastic
[fæntǽstik]
015

형 환상적인, 멋진
That's a fantastic idea!
정말 멋진 생각이야!
- idea 발상

far
[faːr]
016

부 멀리, 멀리 떨어져
We walked quite far into the woods.
우리는 숲속으로 꽤 멀리 걸어갔다.
- walk 걷다　- wood 숲속

fare
[fɛər]
017

명 (교통)요금, 운임비
The subway fare is being increased.
지하철 요금이 인상되었습니다.
- subway 지하철　- increased 늘다, 증대하다

farm
[faːrm]
018

명 농장, 목장
Do you sell farm produce?
농산물을 판매합니까?
- produce 농작물

fashion
[fǽʃən]

019

명 유행

These shoes are the latest fashion.

이 신발은 최신 유행이다.

- latest 최근의

fast
[fæst]

020

형 빠른

The news spread fast.

그 소식은 빠르게 퍼졌습니다.

- spread 퍼지다

fasten
[fǽsn]

021

동 묶다

Just fasten your seat belt and relax.

벨트를 꼭 매고 편하세요.

- seat 좌석   - belt 벨트   - relax 편하게 하다

fat
[fæt]

022

형 뚱뚱한, 살찐

I have too much fat in my midsection.

요즘 뱃살이 부쩍 늘었습니다.

- much 많은   - midsection (몸통의) 중앙부

father
[fáːðər]

023

명 아버지

My father takes a walk every morning.

아버지는 매일 아침마다 산책을 하신다.

- take a walk 산책하다

faucet
[fɔ́ːsit]

024

명 (수도, 통 따위의) 주둥이

The faucet didn't turn off tight.

수도꼭지가 꽉 잠기지 않았습니다.

- turn 잠그다   - tight 단단한

fault
[fɔːlt]

025

명 과실, 결점

I admit that I was at fault.
나는 내가 잘못했다는 것을 인정한다.

- admit 인정하다

favor
[féivər]

026

명 호의, 친절

I'm still alive by favor of him.
나는 그의 호의로 아직까지 살아 있습니다.

- still 아직 • alive 살아 있는

favorite
[féivərit]

027

형 좋아하는

This book is one of my favorites.
이 책은 내가 가장 좋아하는 책 중 하나이다.

fax
[fæks]

028

명 팩시밀리

Could you fax the information to me?
정보를 팩스로 보내 주시겠습니까?

- information 정보

fear
[fiər]

029

명 두려움, 공포

I could see fear in his eyes.
나는 그의 눈에서 두려움을 볼 수 있었다.

feather
[féðər]

030

명 깃털, 깃

This blanket is as light as a feather.
이 이불은 깃털처럼 가볍습니다.

- blanket 담요, 이불 • light 가벼운

F

feature
[fíːtʃər]
031

명 특징, 특색

The car has a lot of new features.
자동차에는 많은 새로운 기능이 있습니다.

fee
[fiː]
032

명 요금

What's the parking fee?
주차료가 얼마입니까?

- parking 주차

feed
[fiːd]
033

동 먹을 것을 주다

Birds feed on seeds and berries.
새들은 씨앗과 열매를 먹고 산다.

- seed 씨앗   - berry 산딸기류 열매

feel
[fiːl]
034

동 느끼다

I have never felt pain like that before.
나는 전에 그런 고통을 느껴 본 적이 없다.

- pain 고통

female
[fíːmeil]
035

명 여성   형 여성의

The male is usually taller than the female.
대개 남성이 여성보다 크지요.

- male 남성의   - usually 보통   - tall 키 큰

fence
[fens]
036

명 울타리, 담

He jumped over the fence.
그는 담을 뛰어넘었습니다.

- jump 뛰어 오르다   - over 넘다

129

festival
[féstəvəl]

037

명 축제, 페스티벌

Christmas is one of the world's festivals.
크리스마스는 세계 축제 중 하나입니다.

fever
[fíːvər]

038

명 열

I think I have a fever.
열이 있는 것 같아요.

- think 생각하다

few
[fjuː]

039

형 거의 없는

There were few passengers in the bus.
버스에는 승객이 거의 없었습니다.

- passenger 승객

field
[fiːld]

040

명 밭, 들판, 운동장

Farmers are working in the fields.
농부들이 밭에서 일하고 있다.

- Farmer 농부

fight
[fait]

041

동 싸우다

The two boys had a fight after school.
두 소년은 방과 후에 싸웠다.

- school 학교

figure
[fígjər]

042

명 숫자, 수치

Figure out how much it will cost.
비용이 얼마인지 계산해 주세요.

- cost 가격

F

fill
[fil]

043

> 동 채우다
>
> **Fill it up with gasoline, please.**
> 휘발유를 가득 넣어주세요.
> * gasoline 휘발유

film
[film]

044

> 명 필름, 영화
>
> **The film wasn't to my taste.**
> 그 영화는 내 취향이 아니었습니다.
> * taste 취향, 기호

final
[fáinl]

045

> 형 마지막의
>
> **This is the final day of the holidays.**
> 오늘은 연휴의 마지막 날이나.
> * holiday 휴일

financial
[finǽnʃəl]

046

> 형 금융의, 경제의
>
> **The city of New York is a financial center.**
> 뉴욕시는 금융 중심지입니다.
> * city 도시

find
[faind]

047

> 동 발견하다, 찾아내다
>
> **Where can I find the post office?**
> 우체국이 어디 있습니까?
> * post office 우체국

fine
[fain]

048

> 형 좋은, 훌륭한
>
> **I hope the weather is fine for trip.**
> 여행하기 좋은 날씨였으면 좋겠다.
> * hope 희망하다　* trip 여행

finger
[fíŋgər]

049

명 손가락

You always put a ring on your finger.
당신은 항상 반지를 끼고 있군요.

- always 늘, 항상
- put 끼우다
- ring 반지

finish
[fíniʃ]

050

동 끝내다

Hurry up and finish your meal.
서둘러 식사를 끝내십시오.

- meal 식사

fire
[faiər]

051

명 불, 화재

The hotel was seriously damaged by fire.
그 호텔은 화재로 큰 피해를 입었다.

- serious 심각한
- damage 손상, 피해

firm
[fə:rm]

052

형 굳은, 단단한

We patted the sand down until it was firm.
우리는 모래가 단단해질 때까지 가볍게 두드렸다.

- pat 두드리다
- sand 모래

first
[fə:rst]

053

형 첫째의 부 최초로

We were the first to arrive.
우리가 제일 먼저 도착했다.

- arrive 도착하다

fish
[fiʃ]

054

명 물고기

We only caught three fish all day.
우리는 하루종일 물고기를 세 마리밖에 잡지 못했다.

- all day 하루종일

fit
[fit]

055

형 알맞은, 적당한

I have nothing fit to wear.

입기에 마땅한 것이 없어요.

- nothing 아무 것도 아님 • wear 입기

fix
[fiks]

056

동 고치다, 단정하게 하다, 가다듬다

My neighbor helped me fix my fence.

내 이웃이 담장 고치는 것을 도와주었습니다.

- neighbor 이웃 • help 돕다 • fence 울타리

flag
[flæg]

057

명 기, 깃발

We saluted the flag with a hand.

우리는 국기에 대하여 서수경례를 하였습니다.

- salute 경례하다 • hand 손

flame
[fleim]

058

명 불길, 불꽃

The flames were growing higher and higher.

불길이 점점 더 높이 타올랐습니다.

- growing 차차 커지는 • higher 더 높은

flash
[flæʃ]

059

동 번쩍이다 명 섬광, 반짝임

The flash is taking too long.

플래시가 터지는 시간이 너무 걸려요.

- taking 취득 • long 긴

flat
[flæt]

060

형 편평한, 납작한

She folded the handkerchief flat.

그녀는 손수건을 납작하게 접었다.

- handkerchief 손수건

flesh
[fleʃ]
061

명 살, 고기
He soon began to flesh up.
그는 곧 살찌기 시작했습니다.
- soon 곧   - began begin(시작되다)의 과거

flight
[flait]
062

명 비행, 항공편
I missed my flight.
비행기를 놓쳤습니다.
- miss 놓치다

float
[flout]
063

동 뜨다, 표류하다
The logs float down the river.
통나무들이 강을 따라 떠내려간다.
- log 통나무

flood
[flʌd]
064

명 홍수
The flood washed away the bridge.
홍수로 다리가 떠내려갔습니다.
- wash away ~을 유실되게 하다   - bridge 다리

floor
[flɔːr]
065

명 마루, 바닥
He fell to the floor with a groan.
그가 신음을 토하며 바닥에 쓰러졌습니다.
- fell fall(넘어지다)의 과거   - groan 신음하다

flour
[fláuər]
066

명 밀가루, 가루
I'm learning how to make flour into bread.
밀가루로 빵 만드는 법을 배우고 있는 중이다.
- learn 배우다

flow
[flou]

067

명 흐름　동 흐르다

The river's flowing quite fast here.

강이 아주 빠르게 흐르고 있습니다.

- river 강　• fast 빠른

---

flower
[fláuər]

068

명 꽃

I'll plant some flowers under the windows.

나는 창문 아래에 꽃을 심을 것이다.

- plant 심다　• window 창문

---

fly
[flai]

069

동 날다

This plane is due to fly to Seoul this morning.

이 비행기는 오늘 아침에 서울로 띌 예정이다.

- due 예정인

---

focus
[fóukəs]

070

명 초점, 중심　동 집중하다

This camera will automatically focus.

이 카메라는 자동으로 초점을 맞출 것입니다.

- automatically 자동으로

---

fog
[fɔːg]

071

명 안개

I couldn't see because of the fog.

안개 때문에 앞을 볼 수 없었다.

---

fold
[fould]

072

동 접다

She folded the letter in half.

그녀는 편지를 반으로 접었다.

- letter 편지　• half 절반

135

folk
[fouk]

073

명 사람들　형 민속의

Town folk are not like farmers.
도시 사람들은 농부와 다릅니다.
- **town** 도시　• **farmer** 농부

follow
[fálou]

074

동 따르다, 따라가다

I don't follow the trends in fashion.
나는 유행을 따라가고 싶지 않습니다.
- **trend** 방향, 향하다　• **fashion** 유행

fond
[fand]

075

형 좋아하는, 다정한

I'm not particularly fond of spicy food.
나는 매운 음식을 별로 좋아하지 않는다.
- **particularly** 특별히　• **spicy** 매운

food
[fu:d]

076

명 음식

They gave us plenty of food and drink.
그들은 우리에게 충분한 음식과 음료를 주었다.
- **plenty** 풍부한

fool
[fu:l]

077

명 바보

Never did I see such a fool.
이제까지 그런 바보는 본 적이 없다.
- **never** 전혀 ~않다

foot
[fut]

078

명 발

We'll have to go on foot.
우리는 걸어가야 할 것이다.

F

for
[fɔːr]
079

전 ~위한, 동안
There's a letter for you.
당신 앞으로 편지가 한 통 왔어요.

forbid
[fərbíd]
080

동 금하다, 허락하지 않다
It is forbidden to post this wall.
이 벽에 벽보를 붙이는 것은 금지되어 있습니다.
- post (게시, 전단 따위를)붙이다

force
[fɔːrs]
081

명 힘, 체력, 완력
The man ran with all his force to the goal.
그 사람은 결승점을 향해 전력을 다해 뛰었습니다.
- ran run(달리다)의 과거 • goal 결승점

forecast
[fɔːrkǽst]
082

동 예보하다
Heavy rain has been forecast for tomorrow.
내일 폭우가 예보되었다.
- heavy 무거운, 많은 • tomorrow 내일

foreign
[fɔːrən]
083

형 외국의
Do you speak any foreign languages?
외국어 아무거나 할 수 있는 거 있어요?
- speak 말하다 • language 외국어

forest
[fɔːrist]
084

명 숲
The road runs through the forest.
그 길은 숲 속으로 통하고 있습니다.
- road 길 • through 통하여

137

forever
[fərévər]

085

부 영원히

This way of life has now gone forever.
이런 생활 방식은 이제 영원히 사라졌다.

- gone 가버린

forget
[fərgét]

086

동 잊다

Don't forget **to take your keys.**
열쇠를 가지고 가는 것을 잊지 말아요.

- take 가지고 가다 - key 열쇠

forgive
[fərgív]

087

동 용서하다

Please forgive **me for what I've done.**
내가 한 일을 용서해 주세요.

- done 아무가 일을 끝낸

form
[fɔ:rm]

088

명 종류, 유형

The bicycle is a form **of transport.**
자전거는 일종의 교통 수단이다.

- bicycle 자전거 - transport 수송

former
[fɔ́:rmər]

089

형 예전의

She is not her former **self.**
그녀는 예전의 그녀가 아닙니다.

- self 자기

fortune
[fɔ́:tʃən]

090

명 재산, 부, 행운

I envy you your good fortune.
당신의 행운이 부럽습니다.

- envy 부러움

F

forward
[fɔ́:rwərd]

091

> 뷔 앞으로
>
> **Obviously it's a great step** forward **for you.**
> 분명히 그것은 너에게 큰 진전이다.
> - Obviously 확실히   - step 걸음

foundation
[faundéiʃən]

092

> 명 창립, 토대, 재단
>
> **The building has a solid** foundation.
> 그 건물은 기초가 튼튼하다.
> - solid 단단한

fountain
[fáuntən]

093

> 명 분수
>
> **Fountains were spouting in the park.**
> 공원에는 분수가 물을 뿜고 있었습니다.
> - spout 내뿜다

fox
[faks]

094

> 명 여우
>
> **The dogs drove the** fox **into a corner.**
> 개들이 여우를 궁지에 몰아 넣었다.
> - drove drive(운전하다)의 과거

frame
[freim]

095

> 명 뼈대, 틀 동 틀에 넣다
>
> **He is of a lanky** frame.
> 그는 호리호리한 체구를 가진 사람이에요.
> - lanky 호리호리한

free
[fri:]

096

> 형 한가한, 여유 있는
>
> **What do you do in your** free **time?**
> 한가한 시간에 무엇을 하십니까?
> - time 시간

freedom
[frí:dəm]

097

명 자유

We must defend our fundamental freedoms.

우리는 우리의 근본적인 자유를 수호해야 한다.

- defend 방어하다   - fundamental 근본적인

freeze
[fri:z]

098

동 얼다

It's freezing tonight.

오늘밤은 얼듯이 춥다.

- tonight 오늘밤

frequent
[frí:kwənt]

099

형 자주 일어나는, 빈번한

Tourists frequent the district.

관광객들은 항상 그 지역을 찾습니다.

- Tourist 관광객   - district 지역

fresh
[freʃ]

100

형 신선한, 새로운

I love the taste of fresh strawberries.

나는 신선한 딸기의 맛을 좋아한다.

- taste 맛   - strawberry 딸기

friend
[frend]

101

명 친구

It's a gift from my friend.

내 친구로부터 받은 선물이에요.

- gift 선물   - from ~로부터

friendship
[fréndʃip]

102

명 우정

True friendship is worth more than money.

진정한 우정은 돈보다 더 가치가 있다.

- worth 가치가 있는

F

frighten
[fráitn]

103

> 동 두려워하게 하다
> She didn't appear frightened at all.
> 그녀는 두려워하는 기색이 전혀 없었어요.
> - appear 나타나다

frog
[frɔːg]

104

> 명 개구리
> Frogs frequent the pond.
> 이 못에는 개구리가 많아요.
> - frequent 빈번한

from
[frəm]

105

> 전 ~에서, ~로부터
> I got a letter from her yesterday.
> 나는 어제 그녀로부터 편지를 받았습니다.
> - letter 편지   - yesterday 어제

front
[frʌnt]

106

> 명 앞
> He was sitting in the front of the car.
> 그는 차 앞에 앉아 있었다.

fruit
[fruːt]

107

> 명 과일
> There was a bowl of fruit on the table.
> 탁자 위에는 과일 한 그릇이 놓여 있었다.
> - bowl 한 그릇

fry
[frai]

108

> 동 굽다, 튀기다   명 프라이, 튀김
> We had fried chicken for dinner.
> 우리는 저녁으로 닭튀김을 먹었습니다.
> - chicken 닭   - dinner 저녁식사

fuel
[fjúːəl]
109

명 연료, 장작, 연탄

The fuel supply is low.
연료가 떨어져가고 있어요.
- supply 공급하다 • low 낮은

full
[ful]
110

형 가득 찬, 가득한

The parking lot is full.
주차장이 꽉 찼습니다.
- parking 주차, 주차장 • lot 많음

fun
[fʌn]
111

명 재미, 즐거움, 장난

We had lots of fun on the beach.
우리는 해변에서 즐거운 시간을 보냈다.
- beach 해변

function
[fʌ́ŋkʃən]
112

명 기능

The function of an adjective is to describe a noun.
형용사의 기능은 명사를 설명하는 것이다.
- adjective 형용사 • noun 명사

furniture
[fɔ́ːrnitʃər]
113

명 가구

Where did you get all this nice furniture?
이렇게 훌륭한 가구를 어디서 구했습니까?
- get 얻다, 입수하다 • nice 좋은, 훌륭한

future
[fjúːtʃər]
114

명 미래

He is worried over the future.
그는 장래 일을 걱정하고 있습니다.
- worried 걱정스러운

나는 내신 100점
영단어로 공부한다!!

G VOCA

대다나다

gain
[gein]
001

동 얻다, 획득하다

No venture, no gain, I believe.
모험을 하지 않으면 얻는 것도 없다고 믿죠.

- venture 위험을 무릅쓰고 가다
- believe 믿다

gap
[gæp]
002

명 금, 간격

There's a yawning gap between rich and poor.
빈부의 격차가 극심합니다.

- yawning 크게 벌어져 있는
- between 사이의

gallery
[gǽləri]
003

명 미술관, 화랑

I visited the National Gallery in London today.
오늘 런던의 내셔널 갤러리를 방문했습니다.

- national 국립의

garbage
[gáːrbidʒ]
004

명 쓰레기

Do not throw garbage anywhere!
쓰레기를 아무 데나 버리지 마세요!

- throw 내던지다
- anywhere 아무 데나

garden
[gáːdn]
005

명 정원

The garden is beautifully laid out.
그 정원은 아름답게 설계되었습니다.

- beautifully 아름답게
- laid 가로놓인

game
[geim]
006

명 게임

The children were playing a game of baseball.
아이들은 야구 게임을 하고 있었다.

- baseball 야구

G

gas
[gæs]
007

명 기체, 가스
How much do you pay for gas per month?
가스 요금이 한 달에 얼마 나와요?

gate
[geit]
008

명 문, 출입문
Which gate do I need to go to?
어느 문으로 가면 됩니까?
• which 어느 쪽 • need 필요, 소용

gather
[gǽðər]
009

동 모으다, 거둬들이다
I need to gather some information for my project.
나는 내 프로젝트에 필요한 정보를 수집해야 한다.
• information 정보 • project 연구

general
[ʤénərəl]
010

형 일반적인
In general, women live longer than men.
일반적으로, 여자들이 남자들보다 더 오래 삽니다.
• women 여자들 • live 살다 • long 긴, 오랜

generation
[ʤènəréiʃən]
011

명 세대
They are the future generation of this country.
그들은 이 나라의 미래 세대입니다.
• future 미래 • country 나라

generous
[ʤénərəs]
012

형 관대한, 너그러운
My grandmother is a very generous person.
우리 할머니는 매우 너그러운 분이시다.
• grandmother 할머니

gentle
[ʤéntl]

013

형 온화한, 상냥한

He has a meek and gentle temperament.

그는 성격이 순하고 온유합니다.

- meek 순한 • temperament 성질, 성격

gesture
[ʤéstʃər]

014

명 몸짓, 제스처

He made an angry gesture.

그는 화난 몸짓을 했다.

- angry 화난

get
[get]

015

동 받다

We're going to the shop to get some food.

우리는 음식을 사러 가게에 갈 것이다.

- shop 가게

giant
[ʤáiənt]

016

명 거인

Once upon a time there lived a giant.

옛날 옛적에 거인이 살고 있었습니다.

- once 이전에 • upon on과 동의어

gift
[gift]

017

명 선물

That last exam question was a gift!

그 마지막 시험문제는 선물이었어!

- question 문제

girl
[gəːrl]

018

명 소녀

There are more girls than boys in this school.

이 학교에는 남학생보다 여학생이 더 많다.

G

give
[giv]
019

图 주다

I have something to give you.
당신에게 드릴 것이 있습니다.

• something 무언가

glad
[glæd]
020

图 즐거운, 기쁜

I'm glad about her promotion.
나는 그녀의 승진이 기쁘다.

• promotion 승진

glass
[glæs]
021

图 유리, 잔

She poured some milk into a glass.
그녀는 유리잔에 우유를 따랐다.

• pour 붓다

global
[glóubəl]
022

图 세계적인, 지구의

She has traveled all over the global.
그녀는 전 세계를 여행했습니다.

• travel 여행하다

glove
[glʌv]
023

图 장갑

She put the gloves in her pocket.
그녀는 장갑을 호주머니 안에 넣었다.

• put 넣다   • pocket 호주머니

glue
[gluː]
024

图 접착제 图 붙이다

Stick the pieces of paper together with glue.
종이를 접착제로 붙이시오.

• stick 붙이다   • paper 종이

147

go
[gou]

025

동 가다

The train goes in 15 minutes.

기차는 15분 후에 간다.

- train 기차

goal
[goul]

026

명 골, 결승점

We won by three goals to one.

우리는 3대 1로 이겼다.

goat
[gout]

027

명 염소

Goats have a pair of horns.

염소에게는 한 쌍의 뿔이 있습니다.

- pair 한 쌍
- horn 뿔

god
[gout]

028

명 신

Only God knows the end of this work.

이 일의 결말은 신만이 아신다.

gold
[gould]

029

명 황금, 금

Is this gold genuine or imitation?

이 금은 진짜입니까 가짜입니까?

- genuine 진짜의
- imitation 가짜, 모조

good
[gud]

030

형 착한, 좋은

Are there any good movies showing?

좋은 영화가 상영됩니까?

- movie 영화
- showing 전시, 상영

G

govern
[gʌ́vərn]

031

동 통치하다, 다스리다

The king governed his people well.

왕은 백성들을 잘 다스렸습니다.

• **king** 왕　• **people** 사람들, 백성　• **well** 잘

government
[gʌ́vərnmənt]

032

명 정부, 국가

The Government is planning new tax increases.

정부는 새로운 세금 인상을 계획하고 있다.

• **tax** 세금　• **increase** 인상하다

grade
[greid]

033

명 등급, 학년

How were your grades this term?

이번 학기 성적은 어땠습니까?

• **term** 학기, 기간

gradually
[grǽdʒuəli]

034

부 서서히

He gradually began to understand.

그는 차츰 이해하기 시작했다.

• **understand** 이해하다

graduate
[grǽdʒuèit]

035

동 졸업하다

Do you expect to graduate next year?

내년에 졸업하세요?

• **expect** 예정되어 있다　• **next** 다음　• **year** 해, 년

grain
[grein]

036

명 낟알, 곡물

Surplus grain is being sold for export.

남는 곡물은 수출품으로 팔리고 있습니다.

• **surplus** 나머지　• **sold** sell (팔다)의 과거 · 과거분사

grammar
[grǽmər]

037

명 문법

I find English grammar very difficult.
영어 문법이 매우 어렵다는 것을 알았습니다.

- find 알다　• difficult 어려운

grand
[grænd]

038

형 웅장한, 위대한

The event was planned on a grand scale.
그 행사는 웅장한 규모로 계획되었다.

- scale 규모

grant
[grænt]

039

동 주다, 수여하다

They granted her request.
그들은 그녀의 부탁을 들어주었다.

- request 부탁

grass
[graːs]

040

명 풀, 잔디

The animals are sleeping in the grass.
동물들이 잔디밭에서 자고 있습니다.

- animals 동물들　• sleep 자다

grateful
[gréitfəl]

041

형 고마워하는, 감사하는

We are very grateful for all your help.
우리는 당신의 모든 도움에 매우 감사합니다.

- help 도움

great
[greit]

042

형 큰, 거대한

He was a great musician.
그는 훌륭한 음악가였다.

- musician 음악가

G

greet
[gri:t]

043

图 인사하다

She went to the door to greet her guests.

그녀는 손님을 맞이하기 위해 문으로 갔다.

• door 문

grocery
[gróusəri]

044

图 식품점

He started to work at a grocery store.

그는 식료품 가게에서 일을 시작하였습니다.

• start 시작하다 • work 일 • store 가게

ground
[graund]

045

图 땅, 지면

Don't leave your bags on the wet ground.

젖은 땅에 가방을 두지 마라.

• bag 가방 • wet 젖은

group
[gru:p]

046

图 무리, 단체

We met up with a group of our friends.

우리는 한 무리의 친구들을 만났다.

• met meet(만나다)의 과거

grow
[grou]

047

图 자라다, 성장하다

We grow vegetables in our garden.

우리는 정원에서 채소를 재배합니다.

• vegetable 야채 • garden 정원

guard
[ga:rd]

048

图 경비원 图 지키다

The prisoner was guarded night and day.

포로는 밤낮으로 감시를 받았습니다.

• prisoner 포로 • night 밤 • day 낮, 하루

151

guess
[ges]

049

동 추측하다

I guessed I'd find you in here.
여기서 널 찾을 수 있을 것 같았어.

guest
[gest]

050

명 손님

We had about ten guests.
열 명의 손님이 오셨습니다.

guide
[gaid]

051

명 안내자 동 안내하다

Could you be my guide?
나의 가이드가 되어 주시겠어요?

guilty
[gílti]

052

형 유죄의, 죄책감이 드는

He was guilty of murder.
그는 살인죄를 지었다.

• murder 살인

gun
[gʌn]

053

명 총

The man was holding a gun in his hand.
그 남자는 손에 총을 들고 있었다.

• hold 손에 잡고 있다

gym
[dʒim]

054

명 체육관

I play badminton at the gym every morning.
매일 아침 체육관에서 배드민턴을 쳐요.

• badminton 배드민턴

나는 내신 100점
영단어로 공부한다!!

H VOCA

대다나다

habit
[hǽbit]

001

명 습관, 버릇

Make a habit of cleaning your teeth after meals.

식사 후에 이를 닦는 습관을 들여라.

- **clean** 닦다 　 • **teeth** tooth(치아)의 복수

hair
[hɛər]

002

명 머리카락

I need to get my hair trimmed.

머리를 좀 다듬어야겠습니다.

- **need** 필요 　 • **trim** 손질하다, 다듬다

half
[hæf]

003

명 절반, 반쯤

Half of my time is spent reading.

내 시간의 절반은 독서하는 데 씁니다.

- **spent** 다 써버린 　 • **reading** 독서

hall
[hɔːl]

004

명 홀, 집회장, 현관

The boy fluttered about the hall.

그 소년은 홀 안에서 서성거렸습니다.

- **flutter** 서성이다, 배회하다

hammer
[hǽmər]

005

명 해머, 쇠망치

He's holding a hammer in his hand.

그는 손에 망치를 들고 있습니다.

- **holding** 보유, 소유

hand
[hænd]

006

명 손

She had a hat in her hand.

그녀는 손에 모자를 들고 있었다.

H

handkerchief
[hǽŋkərtʃif]

007

명 손수건

She waved her handkerchief to us.
그녀는 우리들을 향해 손수건을 흔들었습니다.

* wave 손을 흔들다

handle
[hǽndl]

008

동 다루다 명 손잡이

I'm sure I can handle it.
반드시 할 수 있다고 생각하거든요.

* sure 반드시

handsome
[hǽnsəm]

009

형 멋진, 잘생긴

I like a handsome man with good manners.
나는 매너 있고 잘생긴 남자가 좋습니다.

* like 좋아하다 * manner 방법, 예의

hang
[hǽŋ]

010

동 걸다, 매달다

Where do you want to hang this picture?
이 그림을 어디에 걸고 싶으세요?

* picture 그림

happen
[hǽpən]

011

동 (사건이)일어나다, 발생하다

It is not clear what will happen next.
다음에는 어떤 일이 일어날지 분명치 않습니다.

* clear 분명한 * next 다음의

happy
[hǽpi]

012

형 행복한

He lived a happy life.
그는 행복한 삶을 살았습니다.

harbor
[háːrbər]

013

명 항구

The yacht is anchored in the harbor.

요트가 항구에 정박해 있습니다.

• anchor 닻을 내림

hard
[haːrd]

014

형 어려운, 단단한 부 열심히

The ground was hard **and frozen.**

땅은 딱딱하게 얼어 있었다.

• ground 땅 • frozen freeze(얼다)의 과거

hardly
[háːrdli]

015

부 거의 아니다

It was so dark that I could hardly **see.**

너무 어두워 거의 볼 수가 없습니다.

• dark 어두운 • see 보다

harm
[haːrm]

016

명 손해, 피해 동 해치다

There seems to be no harm **done.**

아무런 피해가 없어 보입니다.

• seem 보이다 • done 전연

hat
[hæt]

017

명 모자

Would you please take off your hat **inside?**

실내에서는 모자를 벗어 주시겠어요?

• inside 실내

hate
[heit]

018

동 미워하다, 싫어하다

They really hate **each other.**

그들은 정말 서로를 미워한다.

• really 정말로 • each othe 서로

156

H

have

[hæv]

019

⑧ 가지다, 시키다, 먹다

Most people have a washing machine now.

대부분의 사람들은 지금 세탁기를 가지고 있다.

• washing machine 세탁기

he

[hi:]

020

㉹ 그가, 그는

Is he still living near here?

그는 아직 이 근처에 살고 있습니까?

• still 아직   • near 가까이   • here 여기에

head

[hed]

021

⑲ 머리

She fell and hurt her head.

그녀는 넘어지서 머리를 다쳤습니다.

• fell 넘어뜨리다   • hurt 다치게 하다

headache

[hédèik]

022

⑲ 두통

I've got a headache again.

머리가 다시 아프다.

• again 또

health

[helθ]

023

⑲ 건강

Smoking is very bad for your health.

흡연은 건강에 매우 나쁘다.

• smoking 흡연

hear

[hiər]

024

⑧ 들리다, 듣다

I couldn't hear what he was saying.

나는 그의 말을 들을 수 없었다.

heart
[ha:rt]

025

명 심장, 가슴, 마음

He's a man with a benevolent heart.

그는 마음이 어진 사람입니다.

• benevolent 자비심 많은

heat
[hi:t]

026

명 열, 더위

This heater doesn't give off much heat.

이 난로는 열을 많이 발산하지 않는다.

• heater 난로

heaven
[hévən]

027

명 천국

The church is not a gateway to heaven.

교회는 천당으로 들어가는 문이 아니에요.

• church 교회   • gateway 문

heavy
[hévi]

028

형 무거운

The bag is too heavy for me to carry.

그 가방은 내가 운반하기에는 너무 무겁다.

• carry 옮기다

heel
[hi:l]

029

명 뒤꿈치

My shoes have worn down at the heel.

내 구두 굽이 닳았어요.

• shoes 구두   • worn 닳아빠진

height
[hait]

030

명 높이

The plane reached a height of 60,000 feet.

그 비행기는 6만 피트의 높이에 도달했다.

• reach 도달하다

helicopter

[hélikàptər]

031

명 헬리콥터

There is a helicopter in the sky.

하늘에 헬리콥터가 있습니다.

• sky 하늘

hell

[hel]

032

명 지옥

Driving a car in a snowstorm is real hell!

눈보라 속에서 차를 운전하는 것은 정말 지옥이야!

• driving 운전 • snowstorm 눈보라

hello

[heló]

033

감 (가벼운 인사) 안녕

Hello Colleagues.

여러분, 안녕하세요.

helmet

[hélmit]

034

명 안전모, 철모

None of the workers are wearing helmets.

인부들은 아무도 헬멧을 쓰지 않았습니다.

• none 아무도 않다 • worker 노동자

help

[help]

035

동 돕다 명 도움

Is there anything I can do to help?

내가 도와줄 일은 없어요?

hen

[hen]

036

명 암탉

The hen ran over the fence.

그 암탉은 담장을 넘어 도망갔다.

• ran run(달리다)의 과거 • fence 담장

here
[hiər]
037

부 여기에서, 여기에　명 여기, 이 곳

He comes here almost every day.

그는 여기에 거의 매일 오다시피 합니다.

- almost 거의
- every 매, 마다

hero
[híərou]
038

명 영웅

The man is a veritable hero.

그는 진정한 영웅입니다.

- veritable 진정한

hesitate
[hézətèit]
039

동 주저하다, 망설이다

Don't hesitate to ask lots of questions.

망설이지 말고 많이 질문을 하십시오.

- ask 묻다
- lots 대단히
- questions 질문

hi
[hai]
040

감 안녕

Hi, Kim! Long time, no see.

안녕, 킴! 오랜만이야.

hide
[haid]
041

동 숨기다, 감추다

I hid my feeling to him.

나는 그에게 내 감정을 숨겼습니다.

- feeling 감정

high
[hai]
042

형 높은

There are a lot of high buildings in the city.

그 도시에는 높은 건물들이 많이 있다.

H

hill
[hil]

043

명 언덕

Do you see that house on top of the hill?
언덕 위에 있는 저 집이 보이나요?

• top 정상, 꼭대기

hire
[haiər]

044

동 빌리다, 고용하다

The fruit is picked by hired laborers.
그 과일은 고용된 노동자들이 따는 것이다.

• laborer 노동자

history
[hístəri]

045

명 역사

History is my favorite subject at school.
역사는 내가 학교에서 가장 좋아하는 과목이다.

• favorite 좋아하는　• subject 과목

hit
[hit]

046

동 치다, 때리다

I hit him square in the stomach.
그 사람 복부를 정통으로 때렸습니다.

• square 똑바로, 정면으로　• stomach 복부

hobby
[hábi]

047

명 취미

Riding a bicycle is my hobby.
자전거 타기는 내 취미입니다.

• riding 승차　• bicycle 자전거

hold
[hould]

048

동 잡다, 쥐다, 가지다

She was holding a book.
그녀는 책을 들고 있었다.

hole
[houl]

049

⊞ 구멍

There was a big hole in the ground.

땅에 큰 구멍이 뚫려 있었다.

• big 큰

holiday
[hálədèi]

050

⊞ 휴가, 휴일

I'd like to take a week's holiday.

한 주일 휴가를 가지고 싶습니다.

• week 주

hollow
[hálou]

051

⊞ 속이 빈

The tree trunk was hollow inside.

그 나무는 속이 비어 있습니다.

• tree 나무 • trunk 몸통, 둥치 • inside 안쪽

home
[houm]

052

⊞ 가정, 집

She stayed at home to care for the children.

그녀는 아이들을 돌보기 위해 집에 있었다.

• care 돌보다 • children 아이들

honest
[ánist]

053

⊞ 정직한

I'm sure he is an honest man.

나는 그가 정직한 사람이라고 확신한다.

• sure 확신

honey
[hʌ́ni]

054

⊞ 벌꿀

Drones gather no honey and do no work.

수벌은 꿀도 모으지 않고 일도 하지 않아요.

• Drone 수벌 • gather 모으다 • work 일

H

honor
[ánər]

055

图 명예

I value honor above life.
나는 목숨보다 명예를 소중히 생각합니다.

- **value** 가치 • **above** 위에 • **life** 생명

hook
[huk]

056

图 갈고리

She hung up her coat on the hook.
그녀는 코트를 고리에 걸었다.

- **coat** 코트

hop
[hap]

057

图 뛰다

The bird hopped onto my finger.
새가 내 손가락 위로 뛰어올랐다.

- **finger** 손가락

hope
[houp]

058

图 희망 图 바라다, 희망하다

I hope you enjoyed your meal.
식사를 맛있게 하셨기를 바랍니다.

- **enjoy** 즐기다, 맛보다 • **meal** 식사

horizon
[həráizn]

059

图 수평선, 지평선

I can see the horizon in the distance.
멀리 수평선이 보인다.

- **distance** 멀리

horn
[hɔːrn]

060

图 뿔

The bull butted him with its horns.
소가 그를 뿔로 받았습니다.

- **bull** 황소 • **butt** 머리로 받음

horror
[hɔ́ːrər]

061

명 공포

I have a horror of snakes.
나는 뱀을 무서워한다.

• snake 뱀

horse
[hɔːrs]

062

명 말

I drew rein to stop the horse.
나는 말을 세우기 위해 고삐를 당겼지요.

• drew draw(당기다)의 과거   • rein 고삐   • stop 멈춤

hospital
[háspitl]

063

명 병원

I went to the hospital today because of a cold.
나는 감기 때문에 오늘 병원에 갔다.

• cold 감기

host
[houst]

064

명 주인, 주최국

I was at the party at the invitation of the host.
나는 주인의 초대로 파티에 갔었습니다.

• invitation 초대

hot
[hat]

065

형 뜨거운, 매운

The weather will be hot next week.
다음 주에는 날씨가 더울 것이다.

• weather 날씨

hotel
[houtél]

066

명 호텔

I will sleep in that hotel today.
나는 오늘 저 호텔에서 잘 것이다.

hour
[áuər]
067

명 시간, 시각
I spent an hour organizing my drawer.
서랍을 정리하는 데 한 시간이 걸렸어요.
- spent 힘이 빠진   • organizing 구성하다, 정리하다

house
[haus]
068

명 집
I want a house with a large garden.
나는 넓은 정원이 있는 집을 원합니다.
- large 큰, 넓은   • garden 정원

how
[hau]
069

부 어떻게, 어느 정도, 얼마만큼
How did you find out about this?
이걸 어떻게 알아낸 거야!
- find 찾다

however
[hauévər]
070

부 아무리 ~할지라도
However poor he may be, he won't steal.
그는 아무리 가난해도 도둑질은 안 합니다.
- poor 가난   • steal 훔치다

huge
[hju:ʤ]
071

형 거대한
The film was a huge success.
그 영화는 대성공이었다.
- success 성공

human
[hjú:mən]
072

형 인간의   명 인간
Human life is the most precious.
인간의 생명이 가장 소중하다.
- precious 귀중한

165

humor
[hjúːmər]
073

명 유머, 해학

I like a man with a sense of humor.
나는 유머가 있는 사람이 좋습니다.

- sense 감각

hurricane
[hə́ːrəkèin]
074

명 허리케인, 폭풍

Hurricane will be coming soon.
곧 허리케인이 올 것이다.

- soon 곧

hungry
[hʌ́ŋgri]
075

형 배고픈, 굶주린

They had a meal because they were so hungry.
그들은 너무 배고파서 식사했습니다.

- meal 식사   - because 때문에

hurry
[hə́ːri]
076

동 서두르다, 급히 하다

Don't hurry me. I'm working as fast as I can.
재촉하지 마라 나는 최대한 빨리 일하고 있다.

hurt
[həːrt]
077

동 아프다, 다치다

The light was hurting my eyes.
빛이 내 눈을 아프게 했다.

- light 빛

husband
[hʌ́zbənd]
078

명 남편

Does your husband work?
남편이 하는 일이 있습니까?

166

나는 내신 100점
영단어로 공부한다!!

I VOCA

대다나다

I
[ai]
001

대 나는, 내가

My brother and I waited outside.

형과 나는 밖에서 기다렸다.

- outside 밖

ice
[ais]
002

명 얼음, 빙판

Her hands were as cold as ice.

그녀의 손은 얼음처럼 차가웠다.

idea
[aidíːə]
003

명 생각, 발상

I don't always agree with your ideas.

너의 생각에 항상 동의하는 것은 아니다.

- agree 동의하다

identity
[aidéntəti]
004

명 신원, 신분, 정체

She is hiding her real identity.

그녀는 자신의 정체를 숨기고 있습니다.

- hiding 숨김
- real 진실의

idle
[áidl]
005

형 게으른

Doing nothing is being idle.

아무것도 하지 않는 것은 게으른 것입니다.

- doing 행실, 행동
- nothing 아무 것

if
[if]
006

접 만일 ~라면

If it were not for water, what would happen?

만일 물이 없다면 어떻게 될까요?

- happen 일어나다, 생기다

ignore
[ignɔ́ːr]

007

图 무시하다

I said hello to them, but they ignored me.
나는 그들에게 인사를 했지만 그들은 나를 무시했다.

ill
[il]

008

형 아픈, 건강이 나쁜

The ill man was flat on his back.
그 병자는 누워있기만 했습니다.

• flat 길게 누운 • back 등, 몸뚱이

illegal
[ilíːgəl]

009

형 불법적인

It's illegal for a person under 18 to drive.
18세 미만이 운전하는 것은 불법이다.

• drive 운전

image
[ímidʒ]

010

명 이미지, 영상, 모습

His image is still vivid in my mind.
그의 모습이 아직 눈에 선합니다.

• still 아직 • vivid 생생한 • mind 마음, 생각

imagine
[imǽdʒin]

011

동 상상하다, 추측하다

You can imagine how amazed I was!
너는 내가 얼마나 놀랐는지 상상할 수 있을 거야!

• amaze 놀라게 하다

immediate
[imíːdiət]

012

형 즉각적인

We must take immediate action.
우리는 즉시 조치를 취해야 한다.

• action 행동

169

import
[impɔ́ːrt]
013

图 수입하다　图 수입, 수입품
We import thousands of cars from Japan.
우리는 일본에서 수천대의 자동차를 수입한다.
- thousand 천

important
[impɔ́ːrtənt]
014

图 중요한
There is one important thing you must remember.
네가 기억해야 할 중요한 것이 한 가지 있다.
- remember 기억하다

impossible
[impásəbl]
015

图 불가능한, ~할 수 없는
It's impossible to explain how angry I felt.
내가 얼마나 화가 났는지 설명하기란 불가능하다.
- explain 설명하다

impress
[imprés]
016

图 인상을 주다, 감명을 주다
I was very impressed with their new house.
나는 그들의 새 집에 매우 감명 받았다.

improve
[imprúːv]
017

图 개선하다
We improved the design of the car.
우리는 차 디자인을 개선하였습니다.
- design 디자인, 꾸미다

in
[in]
018

图 안(속)에서, ~에 있어서
There were sheep in the field.
들판에는 양들이 있었다.
- sheep 양

include
[inklú:d]

019

📘 동 포함하다

Does that include the service charge?

서비스료도 포함되어 있는 것입니까?

- service 봉사 · charge 청구하다

income
[ínkʌm]

020

📘 명 소득, 수입

Half our income goes on rent.

수입의 절반은 집세로 나간다.

- half 절반 · rent 집세

increase
[inkrí:s]

021

📘 동 증가하다, 인상하다

The price of tickets has increased.

티켓 가격이 상승했습니다.

- price 가격

indeed
[indí:d]

022

📘 부 정말로, 사실은

It was very successful indeed.

실제로 매우 성공적이었습니다.

- successful 성공적인

independent
[ìndipéndənt]

023

📘 형 독립된

He was independent of his parents.

그는 부모로부터 독립했습니다.

- parent 부모, 어버이

index
[índeks]

024

📘 명 색인

There is a full index at the front.

앞 쪽에 전체 목차가 있습니다.

- full 찬, 가득 채워진 · front 앞

171

indicate
[índikèit]

025

동 나타내다, 보여 주다

I indicated that his help was not welcome.
나는 그의 도움이 환영받지 못함을 표시했다.

• welcome 환영

individual
[indəvídʒuəl]

026

형 각각의, 개인의

Each individual nation has its capital.
각각의 나라에는 수도가 있습니다.

• each 각각의   • nation 국가   • capital 수도

indoor
[índɔːr]

027

형 실내의

Indoor sports are popular in winter.
겨울에는 실내 스포츠가 인기다.

• popular 인기

industry
[índəstri]

028

명 공업, 산업

The car industry is hard put to it.
자동차 산업은 어려움에 처해있습니다.

• car 차   • hard 어려운   • put 놓이다

influence
[ínfluəns]

029

명 영향, 세력

She's a good influence on her friends.
그녀는 친구들에게 좋은 영향을 끼친다.

• friend 친구

inform
[infɔ́ːrm]

030

동 알리다

Please inform me what to do next.
다음에는 무엇을 해야 할지를 알려 주세요.

• next 다음의

informal
[infɔ́ːrməl]

031

> 형 허물없는, 편안한
> **Informal business attire will be fine.**
> 편한 복장으로 참석하셔도 좋습니다.
> • business 사업, 일 • attire 옷차림새 • fine 좋은

information
[ìnfərméiʃən]

032

> 명 정보, 자료
> **We are collecting information about rainforests.**
> 우리는 열대우림에 대한 정보를 수집하고 있다.
> • collect 수집하다 • rainforest 열대우림

injury
[índʒəri]

033

> 명 부상
> **He suffered serious injuries to the head.**
> 그는 머리에 심각한 부상을 입었다.
> • suffer 고통받다 • serious 심각한

innocent
[ínəsənt]

034

> 형 무죄인, 결백한, 순수한
> **He was innocent of the crime.**
> 그는 범죄에 결백했다.
> • crime 범죄

insect
[ínsekt]

035

> 명 곤충
> **Insects have feelers on their heads.**
> 곤충들은 머리에 더듬이가 있다.
> • feeler 더듬이 • head 머리

inside
[ìnsáid]

036

> 전 ~의 안, ~에
> **There was nobody inside the house.**
> 집 안에 아무도 없었다.

insist
[insíst]

037

동 고집하다, 주장하다

I insisted that he was mistaken.
나는 그가 틀렸다고 주장했다.

• mistake 잘못, 실수

instance
[ínstəns]

038

명 사례, 경우

I mean, for instance, a man like Tom.
예를 들어 탐과 같은 사람을 의미합니다.

instant
[ínstənt]

039

형 즉각적인

We will leave here in an instant.
우리는 즉각 여기를 떠날 거예요.

• leave 떠나다   • here 여기에서

instead
[instéd]

040

부 대신에

I'll have tea instead of coffee, please.
커피 대신에 차를 마실 게요.

institute
[ínstətjùːt]

141

명 기관   동 시작하다, 도입하다

The president agreed to institute reforms.
대통령은 개혁을 실시하기로 동의했다.

• president 대통령   • reform 개혁

instrument
[ínstrəmənt]

042

명 도구, 악기

She's playing an instrument on her own.
그녀는 혼자서 악기를 연주하고 있습니다.

• play 놀다, 즐기다   • own 자기 자신의

instruction
[instrʌ́kʃən]

043

명 지시, 설명, 교육

The instruction were written in simple English.

지시 사항이 쉬운 영어로 쓰여 있었습니다.

- written 문자로 쓴   • simple 쉬운

insult
[insʌ́lt]

044

동 모욕하다 명 모욕

He is patient of insults.

그는 모욕을 잘 참습니다.

- patient 인내심이 강한

intelligent
[intélədʒənt]

045

형 총명한, 똑똑한

He is not an intelligent man.

그는 영리하지 않습니다.

intend
[inténd]

046

동 의도하다, ~할 작정이다

I had to leave sooner than I had intended.

나는 의도했던 것보다 빨리 떠나야했다.

- soon 빨리

intensive
[inténsiv]

047

형 강한, 집중적인

She needed intensive care for several days.

그녀는 며칠 동안 집중 치료를 받아야 했습니다.

- need 필요, 소용 • care 돌봄 • several 몇 번의

interest
[íntərest]

048

명 관심, 흥미

Is there anything of interest on the news?

그 뉴스에 관심 있는 것이 있니?

175

interesting
[íntərəstiŋ]
049

형 재미있는, 흥미 있는

This is a really interesting book.
이것은 정말 재미있는 책이다.
- book 책

international
[ìntərnǽʃənəl]
050

형 국제적인

English is the international language.
영어는 국제 언어입니다.
- language 언어

interrupt
[ìntərʌ́pt]
051

동 방해하다, 끼어들다

Please don't interrupt when I'm talking.
내가 말할 때 방해하지 말아줘.
- talk 말하다

interval
[íntərvəl]
052

명 간격, 중간 휴식 시간

He appeared at intervals of about three days.
그는 삼 일 간격으로 나타났습니다.
- appear 나타나다

interview
[íntərvjùː]
053

명 인터뷰, 면접

He was invited for an interview at three universities.
그는 3개 대학 면접에 초대받았다.
- universitie 대학

into
[íntu]
054

전 안으로, 속으로

She dived into the water.
그녀가 물속으로 잠수해 들어갔다.

introduce
[ìntrədjúːs]

055

동 소개하다

Let me introduce myself.
제 소개를 하겠습니다.

- myself 자기 자신

invent
[invént]

056

동 발명하다

Who invented the first computer?
최초의 컴퓨터는 누가 발명 했습니까?

- first 첫 번째

investment
[invéstmənt]

057

명 투자

He regards the house as an investment.
그는 그 집을 투자로 여긴다.

- regard ~으로 여기다

invite
[inváit]

058

동 초대하다

I've invited all my friends to the party.
나는 내 친구들을 모두 파티에 초대했다.

- party 파티

involve
[inválv]

059

동 관련시키다, 포함하다

Don't involve me in your quarrels.
당신들의 싸움에 나를 끌어들이지 마세요.

- quarrel 싸움

iron
[áiərn]

060

명 철, 쇠, 다리미

You scorched my shirt when you ironed it.
당신이 내 셔츠를 다리미질하다 태웠습니다.

- scorched 탄, 그을은
- shirt 셔츠

177

irregular

[irégjulər]

061

형 불규칙한

He is irregular in his attendance at school.
그는 학교 출석이 불규칙합니다.
- attendance 출석

irritate

[írətèit]

062

동 초조하게 하다, 짜증나게 하다

He spoke in a seemingly irritated voice.
그는 짜증이 묻어나는 목소리로 말했습니다.
- spoke speak(말하다)의 과거·과거분사
- seemingly 겉으로는

island

[áilənd]

063

명 섬

They started for the island.
그들은 그 섬을 향하여 출발했습니다.
- start 시작하다

issue

[íʃuː]

064

명 주제, 쟁점   동 발표하다

She has relation to that issue.
그녀는 그 문제와 관계가 있어요.
- relation 관계

it

[it]

065

대 그것

I picked up my letter and put it in my bag.
나는 편지를 집어 들고 가방에 넣었다.
- pick up 집다   - letter 편지

item

[áitəm]

066

명 항목, 물품

Which items will be on sale?
어떤 물품을 세일 하고 있나요?
- on sale 할인 중인

나는 내신 100점
영단어로 공부한다!!

J VOCA

대다나다

jam
[dʒæm]

001

명 잼 동 밀어 넣다

Please store jam in an airtight container.

잼은 밀폐한 용기에 넣어서 보관하십시오.

- store 저장 • airtight 밀폐한 • container 용기

jar
[dʒɑːr]

002

명 항아리, 단지, 병

Can you tell me what's in this jar?

이 단지 안에 뭐가 들었는지 알아맞힐 수 있겠어요?

- tell 말하다

jealous
[dʒéləs]

003

명 질투하는, 시기하는

I felt a little bit jealous when I saw her new car.

나는 그녀의 새 차를 보고 약간 질투가 났다.

- felt feel(느끼다)의 과거

jean
[dʒiːn]

004

명 진으로 만든 바지

I put my jeans in the basket.

나는 청바지를 바구니에 넣었다.

- put 넣다 • basket 바구니

jet
[dʒet]

005

명 제트기, 분출

The jumbo jet was blasted out of the sky.

그 점보제트기는 하늘에서 폭파되었습니다.

- jumbo 엄청나게 큰 • blast 폭파하다

jewelry
[dʒúːəlri]

006

명 보석류

I had bought my wife expensive jewelry.

나는 아내에게 값비싼 보석을 사줬습니다.

- bought buy(사다)의 과거 · 과거분사 • expensive 값비싼

J

job
[dʒab]

007

명 일, 직업

Why did you quit the job?

왜 그 일을 그만두셨습니까?

• quit 그만두다

join
[dʒɔin]

008

동 연결하다, 합쳐지다

I'll be joining my family next week in Paris.

나는 다음 주에 파리에서 가족과 함께할 것이다.

• next week 다음주

joke
[dʒouk]

009

명 농담, 장난

He told us some funny jokes.

그는 우리에게 재미있는 농담을 몇 마디 했다.

• funny 재미있는

journal
[dʒə́ːrnl]

010

명 저널, 학술지

Which journals does the library subscribe to?

이 도서관에서는 어떤 저널들을 구독하나요?

• subscribe 구독하다

journey
[dʒə́ːrni]

011

명 여행 동 여행하다

He made the long journey to Busan by train.

그는 기차로 부산까지 긴 여행을 했다.

joy
[dʒɔi]

012

명 기쁨

To our joy, She won first prize.

기쁘게도 그녀는 1등을 했다.

• prize 상

judge
[dʒʌdʒ]

013

명 판사 **동** 판단하다
We judged it better to cancel the match.
우리는 시합을 취소하는 것이 더 낫다고 판단했다.
- cancel 취소하다　• match 경기

jump
[dʒʌmp]

014

동 뛰다, 뛰어오르다
That's too high to jump down.
뛰어내리기엔 너무 높습니다.
- high 높은　• down 아래로

jungle
[dʒʌ́ŋgl]

015

명 밀림, 정글
They live deep in the jungle.
그들은 깊은 정글 속에 삽니다.
- live 살다　• deep 깊은

junior
[dʒúːnjər]

016

형 청소년의, 하급의
He's still very junior within the company.
그는 여전히 회사 내에서 매우 새내기다.
- still 여전히　• company 회사

just
[dʒʌst]

017

부 방금, 단지, 그냥
Did you see anyone coming in just now?
누군가 금방 들어오는 것을 보았습니까?
- anyone 누구도

justice
[dʒʌ́stis]

018

명 공평성, 정당성
They believe in the justice of their cause.
그들은 자신들의 대의의 정당성을 믿는다.
- believe 믿다

나는 내신 100점
영단어로 공부한다!!

K VOCA

대다나다

keen
[ki:n]
001

형 열망하는

Most boys are keen on football.
대부분의 소년들은 축구를 좋아한다.

- football 축구

keep
[ki:p]
002

동 계속하다, 유지하다

I told him to be quiet, but he kept talking.
나는 그에게 조용히 하라고 했지만 그는 계속 이야기했다.

- quiet 조용한

kettle
[kétl]
003

명 주전자

A kettle is being heated on the stove.
주전자를 난로에서 데우고 있습니다.

- heated 가열한, 뜨거워진 • stove 스토브, 난로

key
[ki:]
004

명 열쇠

I've lost the car keys.
자동차 열쇠를 잃어버렸다.

- lost 잃어버리다

kick
[kik]
005

동 발로 차다

You run and kick the ball on the ground.
운동장에서 달리고 공을 찹니다.

- ground 운동장

kid
[kid]
006

명 아이, 어린이

The new kid wasn't so bad.
새로 온 아이는 그렇게 나쁜 아이는 아니었어요.

- new 새로운 • bad 나쁜

K

kill
[kil]
007

동 죽이다

Some of the plants were killed by the frost.
몇몇 식물은 서리로 인해 죽었다.

- plant 식물 - frost 서리

kind
[kaind]
008

형 친절한

It was so kind of you to write to me.
나에게 편지를 써줘서 정말 고마워.

- write to 편지를 쓰다

kindergarten
[kíndərgà:rtn]
009

명 유치원

My wife is a kindergarten teacher.
내 아내는 유치원 선생님입니다.

- wife 아내 - teacher 선생님

king
[kiŋ]
010

명 왕, 임금

He arrived at the palace where the king lived.
그는 왕이 살고 있는 궁전에 도착했습니다.

- arrive 도착하다 - palace 궁전

kiss
[kis]
011

명 키스, 입맞춤

He kissed the children good night.
그는 아이들에게 굿나잇 키스를 했다.

- good night 밤인사

kitchen
[kítʃən]
012

명 부엌, 주방

Making food in the kitchen is fun.
부엌에서 음식을 만드는 것은 재미있어요.

kite
[kait]

013

명 연

The kite was in the upper air.

연은 하늘 높이 있었어요.

• upper 위쪽의

knee
[niː]

014

명 무릎

Do you suffer from knee pain?

무릎 통증으로 고생하십니까?

• suffer 고생하다　• pain 통증, 아픔

knife
[naif]

015

명 칼, (식탁의)나이프

Don't fool around with that knife.

칼을 가지고 장난치지 말아요.

• fool 장난치다　• around 여기저기

knock
[nak]

016

동 (문을) 두드리다, 노크하다

I can hear someone knocking.

누군가 문을 두드리는 소리가 들립니다.

• someone 누군가

know
[nou]

017

동 알다

I didn't know the answer to that question.

나는 그 질문에 대한 답을 몰랐다.

• answer 답　• question 질문

knowledge
[nálidʒ]

018

명 지식

She has a detailed knowledge of this part.

그녀는 이 부분에 대해 자세히 알고 있다.

• detail 세부사항

label
[léibəl]
001

명 라벨, 상표, 표지

I attached an address label to a parcel.
나는 소포에 주소 라벨을 붙였다.
- attach 붙이다 • address 주소 • parcel 소포

labor
[léibər]
002

명 노동

Laborers are wanted in large numbers.
다수의 노동자가 필요합니다.
- large 다수의 • number 수, 숫자

laboratory
[lǽbərətɔ̀ːri]
003

명 실험실

He studies in the chemical laboratory.
그는 화학 실험실에서 연구합니다.
- study 학업, 연구 • chemical 화학의

lack
[læk]
004

명 부족, 결핍

The plants died through lack of water.
그 식물들은 물이 부족해서 죽었다.
- plant 식물 • water 물

ladder
[lǽdər]
005

명 사다리

He went up the ladder very carefully.
그는 조심스레 사다리를 올라갔습니다.
- carefully 주의 깊게, 조심스레

lady
[léidi]
006

명 숙녀

Who do you think that lady is?
저 숙녀가 누구라고 생각합니까?

lake
[leik]

007

명 호수

Fish are abundant in the lake.
그 호수에는 물고기가 풍부합니다.

- fish 물고기 - abundant 풍부한

lamb
[læm]

008

명 어린 양

She is as innocent as a lamb.
그녀는 양처럼 순합니다.

- innocent 순진한

lamp
[læmp]

009

명 등, 램프

A lamp swung from the ceiling.
램프가 선상에 매달려 있었습니다.

- swung swing(매달리다)의 과거 · 과거분사 - ceiling 천장

land
[lænd]

010

명 육지, 땅

This is good land for growing crops.
이곳은 농작물을 재배하기에 좋은 땅이다.

- grow 자라다 - crop 농작물

language
[lǽŋgwidʒ]

011

명 언어, 말

How many language do you speak?
당신은 몇 개 나라의 말을 합니까?

- many 다수의 - speak 말하다

large
[la:rdʒ]

012

형 큰, 대규모의

He was carrying a large box.
그는 큰 상자를 들고 있었다.

- carry 휴대하다, 나르다

last
[læst]

013

형 마지막의, 최후의

Z is the last letter of the alphabet.
Z는 알파벳의 마지막 글자다.

- letter 글자, 문자 • alphabet 알파벳

late
[leit]

014

형 늦은

It's too late for regrets.
후회하기엔 너무 늦었습니다.

- regret 후회

laugh
[læf]

015

동 웃다

All the children started laughing.
모든 아이들은 웃기 시작했다.

- children 아이들

laundry
[lɔ́:ndri]

016

명 세탁물

I'm here to pick up my laundry.
세탁물을 찾으러 왔습니다.

law
[lɔ:]

017

명 법률, 법

Everyone must obey the laws of the country.
모든 사람은 나라의 법을 따라야 한다.

- obey 따르다 • country 국가

lay
[lei]

018

동 놓다, 눕다, 낳다

They laid the injured woman down on the grass.
그들은 다친 여성을 풀밭에 눕혔다.

- injure 다친

lazy
[léizi]

019

〔형〕 게으른

You might fail if you were lazy.
게으르면 실패할지도 모릅니다.

- might ~일지도 모른다   • fail 실패하다

lead
[liːd]

020

〔동〕 이끌다, 안내하다

Who is going to lead the expedition?
누가 그 탐험을 이끄나요?

- expedition 탐험, 탐험대

leaf
[liːf]

021

〔명〕 나뭇잎, 잎사귀

The poplar trees are in leaf again.
포플러 나무들에 잎이 다시 났다.

- tree 나무

leak
[liːk]

022

〔동〕 새다

He tracked out a gas leak.
그는 가스가 새는 것을 탐지해냈습니다.

- track 탐지하다

learn
[ləːrn]

023

〔동〕 배우다, 익히다

Where did you learn to dance?
어디서 춤을 배웠습니까?

- dance 춤

leather
[léðər]

024

〔명〕 가죽, 피혁

She was wearing a leather coat.
그녀는 가죽으로 된 코트를 입고 있었다.

- coat 코트

191

leave
[liːv]

025

图 떠나다, 작별하다

What time does the train leave?
기차는 몇 시에 출발하니?

left
[left]

026

명 왼쪽 형 왼쪽의

It's the second door on the left.
왼쪽의 두 번째 문입니다.

• **second** 두 번째 • **door** 문

leg
[leg]

027

명 다리

The dog bit me in the leg.
개가 내 다리를 물었습니다.

• **bit** bite(물다)의 과거 · 과거분사

legal
[líːgəl]

028

형 법률상의, 법적인

Are her business dealings really legal?
그녀의 사업 거래는 정말 합법적인가요?

• **business** 사업 • **deal** 거래

leisure
[líːʒər]

029

명 여가, 틈

I have no leisure to read.
책을 읽을 한가한 시간이 없습니다.

• **read** 읽다

lemon
[lémən]

030

명 레몬

I sometimes put some lemon juice in my food.
나는 가끔 음식에 레몬즙을 조금 넣는다.

• **sometimes** 가끔 • **put** 넣다

lend
[lend]

031

동 빌려주다

Lend me your lecture notes, will you?

당신의 강의노트 좀 빌려줘요

• lecture 강의

length
[leŋkθ]

032

명 길이

They are of the same **length**.

길이는 다 같아요.

• same 같은

lesson
[lésn]

033

명 (교과서)과, 수업, 레슨

I am preparing tomorrow's **lessons**.

나는 내일의 예습을 하고 있습니다.

• preparing 준비하다, 예습하다 • tomorrow 내일

let
[let]

034

동 허락하다, 시키다

Will you **let** me ride your bike?

내가 네 자전거를 탈 수 있게 해줄래?

• ride 타다 • bike 자전거

letter
[létər]

035

명 편지, 글자

Would you post my **letter** when you go out?

나갈 때 내 편지 좀 부쳐줄래?

• post 발송하다

lettuce
[létis]

036

명 상추

Top each with **lettuce** and tomato.

상추와 토마토를 위에 올리세요.

• each 각각의

level
[lévəl]

037

명 수준, 정도, 수평

He reads at a junior high school level.

그의 독해력은 중학 수준이에요.

- read 읽다 • junior 연소한

liberty
[líbərti]

038

명 자유

You are at liberty what to do.

당신이 무엇을 하든 당신의 자유입니다.

library
[láibrèri]

039

명 도서관

I usually go to the library on weekends.

나는 보통 주말에 도서관에 간다.

- usually 주로 • weekend 주말

license
[láisəns]

040

명 면허증, 허가증

May I see your driver's license, please?

면허증 좀 보여주시겠습니까?

- driver's license 운전면허증

lie
[lai]

041

명 거짓말 동 눕다, 거짓말하다

That child tells lies all the time.

저 아이는 항상 거짓말을 한다.

- all the time 항상

life
[laif]

042

명 삶, 생명, 생활

He lost his life in an accident.

그는 사고로 목숨을 잃었다.

- accident 사고

L

lift
[lift]

043

동 들어 올리다　명 엘리베이터

Don't lift heavy things.

무거운 물건을 들지 마세요.

- heavy 무거운　• thing 물건

light
[lait]

044

명 빛, 광선　형 밝은　동 불을 붙이다

Turn off the lights when you go to bed.

잠자리에 들 때는 불을 꺼라.

- Turn off 끄다

like
[laik]

045

전 ~와 비슷한　동 좋아하다

Do you like Korean food?

한국 음식을 좋아하십니까?

limit
[límit]

046

명 한계

You exceeded the speed limit.

당신은 속도제한을 어겼습니다.

- exceed 넘다, 초과하다　• speed 속도

line
[lain]

047

명 선

Can you draw a straight line?

직선을 그릴 수 있니?

- straight 직선

link
[liŋk]

048

명 관련, 연결　동 연결하다

There's a new rail link between the two towns.

두 마을 사이에 새로운 철도가 연결되었다.

- rail 철도

lion
[láiən]

049

명 사자

The lion sprang at a zebra.
사자가 얼룩말에게 달려들었습니다.

- **sprang** spring(도약, 달려들다)의 과거
- **zebra** 얼룩말

lip
[lip]

050

명 입술

He kissed her on the lip.
그는 그녀의 입술에 키스했다.

liquid
[líkwid]

051

명 액체 **형** 액상의

The liquid dries in less than a minute.
이 액체는 1분도 안 돼서 마릅니다.

- **dry** 마른, 건조한
- **less** 보다
- **minute** (시간의) 분

list
[list]

052

명 리스트, 목록

There are twelve items on my shopping list.
내가 장 볼 품목은 열두 가지입니다.

- **twelve** 12의
- **item** 품목

listen
[lísn]

053

동 듣다, 귀를 기울이다

Listen and circle the correct words.
대화를 듣고 알맞은 단어에 동그라미 하세요.

- **circle** 원, 동그라미
- **correct** 옳은
- **word** 단어

literature
[lítərətʃər]

054

명 문학

Why did you major in literature?
문학을 왜 전공하셨나요?

- **major** 전공하다

ㄴ

little
[lítl]

055

형 작은 부 약간, 조금

It's only a little problem.

그것은 사소한 문제일 뿐이다.

- problem 문제

live
[liv]

056

동 살다 형 살아 있는

The cat was playing with a live mouse.

고양이는 살아있는 쥐를 가지고 놀고 있었다.

- cat 고양이 • mouse 쥐

load
[loud]

057

명 짐, 무게 동 싣다

We loaded the suitcases into the car.

우리는 여행 가방을 차에 실었다.

- suitcase 여행 가방

lobby
[lábi]

058

명 로비

We chatted away in the lobby.

우리는 로비에서 많은 잡담을 하였습니다.

- chatted 잡담을 나누다 • away 잇따라, 끊임없이

local
[lóukəl]

059

형 지역의, 지방의

There are two local newspapers.

지방 신문이 두 개 있다.

- newspaper 신문

locate
[lóukeit]

060

동 위치하다, 찾아내다

This house is located next to the river.

이 집은 강 옆에 있다.

- next 다음

197

lock
[lak]
061

명 자물쇠 동 잠그다

We need to put a lock on the shed door.
우리는 헛간 문에 자물쇠를 달아야 한다.

- shed 헛간

lodge
[ladʒ]
062

명 오두막

Let's go back to the lodge.
오두막으로 돌아갑시다.

lonely
[lóunli]
063

형 외로운, 고독한

I felt lonely when all my friends had left.
친구들이 모두 떠나고 나자 나는 외로움을 느꼈다.

- felt feel(느끼다)의 과거   • friend 친구

long
[lɔːŋ]
064

형 긴, 먼

I've never made a long voyage.
나는 긴 항해를 해 본 적이 없습니다.

- never 일찍이   • voyage 항해

look
[luk]
065

동 보다, 찾다 명 보기

I'm looking at the squirrel in the garden.
나는 정원에 있는 다람쥐를 보고 있다.

- squirrel 다람쥐

loose
[luːs]
066

형 매지 않은, 헐거운

The clothes hang loose on me.
옷이 훌렁거려요.

- clothes 옷   • hang 늘어뜨리다

lorry

[lɔ́:ri]

067

명 화물자동차, 트럭

The lorry is transporting a load of furniture.

그 화물차는 많은 양의 가구를 운송하고 있습니다.

- transport 이동시키다 • furniture 가구

---

lose

[lu:z]

068

동 잃다, 잃어버리다

His foolish behavior lost him his job.

그는 어리석은 행동으로 실직했다.

- foolish 어리석은 • behavior 행동

---

lot

[lat]

069

대 많음 부 아주, 매우

She knows a lot of gossip.

그녀는 여러 가지 소문에 대해 잘 알고 있습니다.

- know 알다 • gossip 잡담, 남의 소문이야기

---

loud

[laud]

070

형 소리가 큰, 시끄러운

She called me in a loud voice.

그녀는 큰 목소리로 나를 불렀습니다.

- call 부르다 • voice 목소리

---

love

[lʌv]

071

명 사랑 동 사랑하다

Our love will last forever.

우리의 사랑은 영원히 지속될 것입니다.

- last 최후의 • forever 영구히

---

low

[lou]

072

형 낮은 부 낮게

I have a low opinion of his work.

나는 그의 작품에 대해 낮은 평가를 가지고 있다.

- opinion 의견

loyal
[lɔ́iəl]

073

형 충성스러운

The king has many loyal supporters.

왕은 많은 충성스러운 지지자들을 가지고 있다.

- king 왕   - supporter 지지자

luck
[lʌk]

074

명 운, 행운

You'd better not trust your luck.

너무 운만 믿어서는 안 돼요.

- better 더 좋은   - trust 신뢰

luggage
[lʌ́gidʒ]

075

명 짐, 수화물

We put all our luggage on the train.

우리는 모든 짐을 기차에 실었다.

- put 놓다   - train 기차

lump
[lʌmp]

076

명 덩어리

I've got a lump on my head where I hit it.

머리를 부딪힌 곳에 혹이 생겼다.

- head 머리   - hit 부딪치다

lunch
[lʌntʃ]

077

명 점심

How about having lunch with me?

점심을 같이 할까요?

- about 대략   - having 하고 있다

lung
[lʌŋ]

078

명 폐, 허파

I have lung cancer.

나는 폐암이 있어요.

- cancer 암

나는 내신 100점
영단어로 공부한다!!

M VOCA

대다나다

machine
[məʃíːn]

001

몡 기계

The books are all packed by machine.
그 책들은 모두 기계로 포장되어 있다.

- book 책   - pack 포장하다

mad
[mæd]

002

형 미친, 실성한

I'm mad at myself.
내 자신에게 화가 났어요.

- myself 나 자신

madam
[mǽdəm]

003

몡 아씨, 마님, 부인

Madam, will you take my seat?
부인, 제 자리에 앉으시겠어요?

- seat 자리, 좌석

magazine
[mǽgəzíːn]

004

몡 잡지

I subscribe to a magazine.
잡지 한 부를 구독하고 있습니다.

- subscribe 구독을 예약하다

magic
[mǽdʒik]

005

몡 마법, 마술

He says he can use magic to make it rain.
그는 마법을 써서 비를 내리게 할 수 있다고 말한다.

- rain 비

maid
[meid]

006

몡 가정부

There is a maid to do the housework.
집안일을 하는 가정부가 있습니다.

- housework 집안일, 가사

M

mail
[meil]

007

명 우편, 우편물

We didn't get any mail this morning.

우리는 오늘 아침에 아무런 우편물도 받지 못했다.

- get 받다 • morning 아침

main
[mein]

008

형 주요한, 주된

What are your main products?

주요 생산품들은 무엇입니까?

- product 생산품

maintain
[meintéin]

009

동 유지하다, 계속하다

Who maintains the website?

누가 웹 사이드를 관리하죠?

- website 웹사이트

major
[méidʒər]

010

형 주요한, 중대한

He plays baseball in the major league.

그는 메이저 리그에서 야구 선수로 뛰고 있습니다.

- baseball 야구

make
[meik]

011

동 만들다

They make cars in that factory.

그들은 그 공장에서 차를 만든다.

- factory 공장

male
[meil]

012

형 남자의 명 남자

My class is mostly male students.

우리 반은 대부분이 남학생입니다.

- class 반 • mostly 대부분은 • student 학생

man
[mæn]
013

명 남자, 사람들, 인류

He is the wisest man that I know.
그는 내가 알고 있는 가장 현명한 사람입니다.

- wisest 현명한 · know 알다

manage
[mǽnidʒ]
014

동 해내다, 다루다

She manages the money very well.
그녀는 돈을 아주 잘 관리한다.

- well 잘

manner
[mǽnər]
015

명 태도, 예의

I don't like his rude manner.
나는 그의 무례한 태도가 마음에 들지 않는다.

- rude 무례한

many
[méni]
016

형 많은, 다수의

How many people were there?
거기에 사람들이 얼마나 많았어요?

map
[mæp]
017

명 지도

Where is the map of this city?
이 도시의 지도가 어디 있습니까?

march
[maːrtʃ]
018

동 행진하다 명 행진

The soldiers marched along the road.
병사들은 길을 따라 행진했다.

- soldier 병사 · along ~을 따라

mark

[maːrk]

019

동 표시하다 명 표시

His hands left dirty marks on the wall.

그의 손은 벽에 더러운 자국을 남겼다.

- dirty 더러운 • wall 벽

market

[máːrkit]

020

명 시장

You can buy all thing in the market.

시장에서 모든 것을 살 수 있다.

marry

[mǽri]

021

동 결혼하다

He has a notion to marry her.

그는 그녀와 결혼하려는 생각을 갖고 있습니다.

- notion 생각

mass

[mæs]

022

명 큰 덩어리

A mass of snow fell down the mountain.

눈 덩어리가 산 아래로 굴러 떨어졌습니다.

- snow 눈 • fell fall(떨어지다)의 과거 • down 아래로

master

[mǽstər]

023

명 주인

Dog is loyal to his master.

개는 주인에게 충성을 다합니다.

- dog 개 • loyal 충성스러운

match

[mætʃ]

024

명 시합, 경기

It was not an easy match.

그것은 쉬운 경기가 아니었습니다.

- easy 쉬운

205

material
[mətíəriəl]

025

명 재료　형 물질의

Stone is a good building material.
돌은 좋은 건축 재료다.
- building 건물, 건축

mathematics
[mæθəmǽtiks]

026

명 수학

I am strong in mathematics.
나는 수학에 강해요.
- strong 강한

matter
[mǽtər]

027

명 일, 사정　동 문제가 되다

We have an important matter to discuss.
논의해야 할 중요한 문제가 있습니다.
- important 중요한　• discuss 상의하다

may
[mei]

028

조 ~일지 모른다, ~해도 좋다

What he says may be true.
그의 말은 사실일지도 모른다.
- true 사실

maybe
[méibi:]

029

부 어쩌면, 아마

Maybe you should phone your mother.
너는 너의 엄마한테 전화해야 할 것 같아.
- phone 전화　• mother 엄마

meal
[mi:l]

030

명 식사

Our meal is ready, so let's eat.
식사 준비 다 됐어요. 먹읍시다.
- ready 준비가 된　• eat 먹다

mean

[mi:n]

031

〔동〕 의미하다

I'm sorry, I didn't mean to be rude.

미안해, 무례하게 굴려던 건 아니었어.

• rude 건방진, 무례한

---

measure

[méʒər]

032

〔동〕 재다, 측정하다

An inch is a measure of length.

인치는 길이를 재는 단위입니다.

• length 길이

---

meat

[mi:t]

033

〔명〕 고기

There's not much meat on that bone.

그 뼈에는 고기가 별로 없다.

• bone 뼈

---

medical

[médikəl]

034

〔형〕 의학의

She had to undergo medical treatment.

그녀는 치료를 받아야 했다.

• undergo 격다   • treatment 치료의

---

medicine

[médəsən]

035

〔명〕 약, 의학, 의술

Keep all medicines away from children.

모든 약은 어린이의 손이 닿지 않는 곳에 보관하십시오.

• away from 떨어진

---

medium

[mí:diəm]

036

〔명〕 중간

I am medium height for my age.

나는 나이에 비해 중간 키다.

• height 키   • age 나이

meet
[miːt]

037

동 만나다

We'll meet at the swimming pool.

우리는 수영장에서 만날 것이다.

- swimming pool 수영장

melt
[melt]

038

동 녹다

The ice cream is melting in the sun.

아이스크림이 햇빛 속에서 녹고 있다.

- ice cream 아이스크림

member
[mémbər]

039

명 일원, 회원

He is a member of a tennis club.

그는 테니스 클럽 회원입니다.

- tennis 테니스   • club 동호회

memory
[méməri]

040

명 기억

My memory never plays me false.

내 기억은 절대 틀림없습니다.

- never ~없다   • false 그릇된, 틀린

mental
[méntl]

041

형 마음의, 정신의

Praise can be a mental tonic.

칭찬은 정신적 자극이 됩니다.

- praise 칭찬   • tonic 활기를 돋우는 것

mention
[ménʃən]

042

동 말하다, 언급하다

Now that you mention it, I do understand.

당신이 그렇게 말하니까 이해가 가네요.

- understand 이해하다

menu
[ménjuː]

043

명 메뉴, 식단

What is the most popular menu?
가장 인기 있는 메뉴가 무엇입니까?

- most 가장　　• popular 인기 있는

merchant
[mə́ːrtʃənt]

044

명 상인, 무역상

The merchant asked for a high price.
상인은 물건 값을 비싸게 불렀습니다.

- ask 요구하다　• high 높은　• price 가격

mere
[miər]

045

형 ~에 불과한

He lost the election by a mere 20 votes.
그는 불과 20표 차이로 선거에서 졌다.

- election 선거　• vote 표

merry
[méri]

046

형 명랑한, 즐거운

I feel in a merry pin.
나는 기분이 아주 좋아요.

mess
[mes]

047

형 엉망인, 지저분한

Who's going to clear up all this mess?
이 난장판을 누가 다 치울까?

- clear 치우다

message
[mésidʒ]

048

명 소식, 통지, 메시지

There's an important message for you.
당신에게 중요한 메시지가 있습니다.

- important 중요한

metal
[métl]

049

명 금속

It is a very soft and malleable metal.
매우 부드럽고 탄성 있는 금속입니다.

- soft 부드러운   - malleable 잘 변하는

method
[méθəd]

050

명 방법

I have a shot at the new method.
나는 새로운 방법을 시도합니다.

- shot 조준   - new 새로운

middle
[mídl]

051

명 중간, 중앙

Draw a line down the middle of the page.
페이지 가운데에 줄을 그어라.

- draw 그리다   - line 선

midnight
[mídnàit]

052

명 한밤중, 밤 12시

It was near midnight when we arrived.
우리는 거의 한밤중에 도착했습니다.

- near 가까이   - arrive 도착하다

mild
[maild]

053

형 온순한

This winter has been mild.
올 겨울은 춥지 않았습니다.

- winter 겨울

mile
[mail]

054

명 마일

He walked for miles without getting tired.
그는 지치지 않고 몇 마일을 걸었다.

- walk 걷다   - tired 피로한

military
[mílitèri]
055

형 군대의

It was a perfect military operation.
그것은 완벽한 군사작전이었습니다.
- perfect 완벽한 • operation 작전

milk
[milk]
056

명 우유

I drink a cup of milk every morning.
나는 매일 아침 우유 한 잔을 마신다.
- a cup of 한 잔의

million
[míljən]
057

명 백만 형 백만의

A million dollar is a mint of money.
100만 불은 믹내한 돈입니다.
- mint 거액

mind
[maind]
058

명 생각, 마음 동 신경 쓰다

I don't mind if you're a bit late.
만약 당신이 늦어도 상관 없습니다.
- late 늦은

minister
[mínəstər]
059

명 장관, 성직자

He became Minister of Foreign Affairs.
그는 외무부 장관이 되었다.
- foreign 외국의 • affair 일

minor
[máinər]
060

형 보다 작은

Don't worry over minor details like that.
그런 사소한 일에 신경을 쓰지 마세요.
- worry 걱정하다 • detail 세부, 상세한

211

minus
[máinəs]

061

명 마이너스, 빼기 부호

The temperature was minus 10 degrees.

기온은 영하 10도였다.

* temperature 온도

minute
[mínit]

062

명 분, 잠깐, 잠시

Please could you wait a minute.

잠깐만 기다려 주시겠습니까?

* wait 기다리다

mirror
[mírər]

063

명 거울

Is there a mirror somewhere?

거울이 있습니까?

* somewhere 어딘가에

miss
[mis]

064

동 놓치다, 그리워하다

I tried to catch the ball, but I missed it.

나는 공을 잡으려고 노력했지만 놓쳤다.

* catch 잡다

mist
[mist]

065

명 안개

The mountain top was covered in mist.

산 정상은 안개로 뒤덮였다.

* mountain 산   * covered ~이 덮인

mistake
[mistéik]

066

명 잘못, 실수

Tom made a mistake in his calculations.

톰은 계산에 실수를 했습니다.

* calculation 계산

misunderstand
[mìsəndərstǽnd]
067

동 오해하다
I think you misunderstand me.
당신이 나를 오해하는 것 같아요.

mix
[miks]
068

동 섞다
You can't mix oil and water.
기름과 물을 섞을 수는 없다.
- oil 기름

model
[mádl]
069

명 모델
The model is tall and handsome.
그 모델은 키가 크고 잘생겼습니다.
- tall 키 큰 • handsome 잘 생긴

modern
[mádərn]
070

형 현대의
She likes to wear very modern clothes.
그녀는 매우 현대적인 옷을 입고 싶어합니다.
- wear 입다 • clothes 옷

moist
[mɔist]
071

형 습기 있는, 촉촉한
The earth is moist with the spring rain.
대지가 봄비에 촉촉이 젖어 있습니다.
- earth 대지 • spring 봄 • rain 비

moment
[móumənt]
072

명 순간, 잠깐
I recognized him the moment I saw him.
나는 그를 보는 순간 그를 알아보았다.
- recognize 알아보다

money
[mʌ́ni]

073

명 돈

He earns money by working in a hospital.

그는 병원에서 일해 돈을 번다.

- earn 벌다   - hospital 병원

monkey
[mʌ́ŋki]

074

명 원숭이

There is a monkey in the tree.

저기 나무에 원숭이가 있어요.

- tree 나무

monster
[mʌnθ]

075

명 괴물

A huge monster was coming towards them.

거대한 괴물이 그들을 향해 다가오고 있었다.

- huge 거대한   - toward ~쪽으로

month
[mʌnθ]

076

명 달, 개월

She fell ill for a month.

그녀는 한 달 동안 아팠습니다.

- fell fall(뒹굴다)의 과거   - ill 병든

mood
[muːd]

077

명 기분

You seem to be in a good mood.

당신은 기분이 좋은 것 같아요.

- seem ~으로 보이다

moon
[muːn]

078

명 달

Last night there was a full moon.

어젯밤에는 보름달이 떠 있었다.

- last night 어젯밤

moral
[mɔ́:rəl]

079

형 도덕상의

The Korea is a moral nation.
한국은 도덕적인 나라입니다.

- nation 나라

more
[mɔːr]

080

대 더 많은 수 부 더

We need some more food.
우리는 음식이 좀 더 필요하다.

morning
[mɔ́:rniŋ]

081

명 아침, 오전

I was awake until the morning came.
나는 아침이 될 때까지 깨어 있었습니다.

- awake 깨어서 • until 까지

mosquito
[məskí:tou]

082

명 모기

I was bitten by a mosquito so now I'm itchy.
모기에 물려 지금 가렵습니다.

- bitten bite(물다)의 과거분사 • now 지금 • itchy 가려운

most
[moust]

083

대 최고의, 대부분의

It was a most enjoyable evening.
가장 즐거운 저녁이었다.

- enjoyable 즐거운

motion
[móuʃən]

084

명 운동, 움직임

He made a motion to stop with his hands.
그는 손으로 멈추라는 동작을 취했다.

motor
[móutər]

085

명 모터, 발동기
He can fix that motor easily.
그는 그 모터를 쉽게 고칠 수 있습니다.
- can 할 수 있다 • fix 고치다 • easily 쉽게

mountain
[máuntən]

086

명 산
I have no wish to climb any mountains.
나는 어떤 산도 오르고 싶지 않다.
- wish 바라다 • climb 오르다

mouse
[maus]

087

명 생쥐
He is afraid of a small mouse.
그는 조그마한 생쥐도 무서워해요.
- afraid 무서워하는 • small 작은

mouth
[mauθ]

088

명 입
Open your mouth.
입을 벌리십시오.

move
[muːv]

089

동 움직이다, 옮기다
The train moved out of the station.
기차가 역 밖으로 움직였다.
- station 역

movie
[múːvi]

090

명 영화
They were filming a movie there.
그들은 거기서 영화를 찍고 있었습니다.
- filming 촬영

Mr.
[místər]

091

명 씨, 선생

I'm expecting a call from Mr. Brown.
브라운 씨의 전화를 기다리고 있습니다.

• expecting 기다리다

Mrs.
[mísiz]

092

명 부인(결혼한 여성)

Mr. and Mrs. Kim have two sons.
김선생님 부부는 아들이 둘 있습니다.

Ms.
[miz]

093

명 씨(결혼 전의 여성)

Ms. Brown, are you listening to me?
브라운 씨, 내 말 듣고 있어요?

• listening 들음, 경청

much
[mʌtʃ]

094

대 많음 부 매우, 많이

I have much pleasure in welcoming you today.
오늘 당신을 맞이하게 되어 매우 기쁩니다.

• pleasure 기쁨

mud
[mʌd]

095

명 진흙

His boots were covered in mud.
그의 부츠는 진흙투성이였다.

• boot 부츠 • cover 덮다

multiply
[mʌ́ltəplài]

096

동 곱하다

Two multiplied by three is six.
2에 3을 곱하면 6이 되지요.

murder

[mə́:rdər]

097

명 살인

police are still looking for the murder weapon.

경찰은 여전히 살인 무기를 찾고 있다.

- weapon 무기

muscle

[mʌ́sl]

098

명 근육

I am playing tennis to develop my arm muscle.

나는 팔 근육을 발달시키기 위해 테니스를 치고 있다.

- develop 개발하다

museum

[mjuːzíːəm]

099

명 박물관

The museum is open daily.

박물관은 매일 문을 엽니다.

- daily 매일

music

[mjúːzik]

100

명 음악

I usually listen to music.

나는 보통 음악을 듣습니다.

- usually 보통의 • listen 듣다

must

[məst]

101

동 해야 한다, 틀림없다

You must attend to my advice.

당신은 나의 충고에 귀를 기울여야 합니다.

- attend 경청하다 • advice 충고

mystery

[místəri]

102

명 미스터리, 신비

The police finally solve the mystery.

경찰은 마침내 그 수수께끼를 풀었다.

- finally 마침내 • solve 풀다

나는 내신 100점
영단어로 공부한다!!

N VOCA

대다나다

nail
[neil]

001

명 손톱

Biting nails is a bad habit.
손톱을 물어뜯는 것은 나쁜 습관입니다.
- biting 물어 뜯다   - habit 습관

naked
[néikid]

002

형 벌거벗은

The baby was naked.
아기는 알몸이었다.
- baby 아기

name
[neim]

003

명 이름, 성명

I've forgotten the name of the company.
회사 이름을 잊어버렸다.
- company 회사

narrow
[nǽrou]

004

형 폭이 좁은

We walked along a narrow path.
우리는 좁은 길을 걸었습니다.
- walk 걷다   - path 길

national
[nǽʃənl]

005

형 국가의, 국민의

Tomorrow is a national holiday.
내일은 국경일이다.
- holiday 휴일

native
[néitiv]

006

형 출생의

She speaks English like an American native.
그녀는 미국 원주민처럼 영어를 구사합니다.

N

nature
[néitʃər]
007

명 자연, 천성

Man is by nature a social animal.
인간은 천성적으로 사회적인 동물이다.

- social 사회적인   - animal 동물

navy
[néivi]
008

명 해군

My brother is in the navy.
나의 형은 해군에 복무하고 있습니다.

- brother 형

near
[niər]
009

형 가까운   부 가까이

The office is near to his house.
사무실은 그의 집 근처에 있어요.

- office 사무실

neat
[niːt]
010

형 산뜻한, 깔끔한

The living room is neat and tidy.
거실은 깔끔하고 단정합니다.

- tidy 말끔히 정돈된

necessary
[nésəsèri]
011

형 필요한

It is necessary to water plants in dry weather.
건조한 날씨에는 식물에 물을 주어야 한다.

- plant 식물   - dry 건조한   - weather 날씨

neck
[nek]
012

명 목

She put her arms around my neck.
그녀가 내 목에 팔을 둘렀습니다.

- put 놓다, 두다   - arm 팔   - around 주위에

need
[niːd]

013

동 필요하다

You don't need to come if you don't want to.

네가 원하지 않으면 올 필요가 없다.

needle
[níːdl]

014

명 바늘

She is clever with her needle.

그녀는 바느질 솜씨가 좋습니다.

• clever 솜씨 있는

negative
[négətiv]

015

형 부정적인, 나쁜

He answered in a negative way.

그의 대답은 부정적이었습니다.

• answere 대답

neighbor
[néibər]

016

명 이웃

I'm your new neighbor. I just moved in.

새 이웃입니다. 방금 이사를 왔죠.

• new 새로운 • just 방금

neither
[níːðər]

017

대 어느 쪽도 아니다

Neither of the roads is very good.

그 도로들 모두 아주 좋지 않다.

• road 도로

nephew
[néfjuː]

018

명 조카, 생질

He adopted his nephew as his son.

그는 조카를 양자로 들였습니다.

• adopted 양자가 된

nervous
[nə́rvəs]

019

형 신경의, 불안해 하는

I'm always nervous before an interview.
나는 면접 전에 항상 긴장합니다.

- interview 면접

nest
[nest]

020

명 둥지

There is a bird nest in the tree.
나무 위에 새집이 있습니다.

- bird 새   • tree 나무

net
[net]

021

명 그물

A fish was caught in the net.
물고기가 그물에 걸렸습니다.

- caught catch(잡다)의 과거 · 과거분사

network
[nétwə̀rk]

022

명 네트워크, 망

This system has a complex network.
이 시스템은 복잡한 네트워크로 되어 있다.

- complex 복잡한

never
[névər]

023

부 결코 ~않다

You must never ever tell anyone about this.
이 일은 절대로 아무에게도 말하지 말아야 한다.

nevertheless
[nèvərðəlés]

024

부 그럼에도 불구하고

Nevertheless, we have to do this.
그럼에도 불구하고 우리는 이것을 해야합니다.

new
[nu:]
025

형 새로운

He wants to learn a new language.

그는 새로운 언어를 배우고 싶어한다.

• language 언어

newspaper
[núːzpèipər]
026

명 신문

My father is reading a newspaper.

나의 아버지는 신문을 읽고 계신다.

• read 읽다

next
[nekst]
027

형 다음의

We're moving out next week.

우리는 다음 주에 이사를 갑니다.

• moving 이동하는   • week 주

nice
[nais]
028

형 좋은, 멋진, 친절한

I had a nice time talking to you.

즐거운 대화 시간을 보냈습니다.

• talking 말을 하는

niece
[niːs]
029

명 조카딸, 질녀

How old is your niece?

조카딸이 몇 살이죠?

night
[nait]
030

명 밤

The nights are longer in winter.

겨울은 밤이 더 길다.

• winter 겨울

N

no
[nou]

031

图 (대답에서) 아니요, 하나도 없는

There's no reason for you to worry.

네가 걱정할 이유는 없어.

- reason 이유

noble
[nóubl]

032

图 고귀한

He is noble, handsome, and even rich.

그는 고상하고 잘생겼고 심지어 부자다.

- handsome 잘생긴   - rich 부자

nobody
[nóubàdi]

033

图 아무도 ~않다, 없다

There's nobody here at the moment.

지금은 아무도 없습니다.

- at the moment 지금은

nod
[nad]

034

图 끄덕이다

She gave a nod instead of an answer.

그녀는 대답 대신 고개를 끄덕였습니다.

- instead 그 대신에   - answer 대답

noise
[nɔiz]

035

图 소리, 소음

Can you hear that noise?

저 소음이 들립니까?

- hear 들리다

none
[nʌn]

036

图 아무도 ~않다

None of my brothers are tall.

나의 형제는 모두 키가 크지 않습니다.

- brother 형제

225

nonsense
[nánsens]

037

> 명 터무니 없는 소리
> You're talking utter nonsense.
> 넌 정말 말도 안 되는 소리를 하고 있어.
> - utter 완전한

noodle
[nú:dl]

038

> 명 국수
> It's a good thing we all like noodles.
> 모두들 국수를 좋아하니까 다행이에요.

noon
[nu:n]

039

> 명 정오
> I can't come before noon.
> 정오 전에는 올 수 없다.

nor
[nɔ́:r]

040

> 접 ~도 또한 ~않다
> He neither smokes nor drinks.
> 그는 담배도 안피우고 술도 안 마신다.

normal
[nɔ́:rməl]

041

> 형 보통의, 평범한
> Rainfall has been above normal this July.
> 이번 7월에는 폭우가 평상시 이상 내렸다.
> - rainfall 폭우 - above ~보다 위에

north
[nɔ:rθ]

042

> 명 북쪽
> South Korea is in aid of North Korea.
> 남한은 북한을 원조합니다.
> - South 남쪽 - aid 원조하다

N

nose
[nouz]

043

명 코

My nose is stuffy.

나의 코가 막힙니다.

• stuffy 코가 막힌

not
[nat]

044

부 아니다

Not everyone likes this painting.

모든 사람이 이 그림을 좋아하는 것은 아니다.

• painting 그림

note
[nout]

045

명 짧은 기록, 메모

Make a note of how much money you spend.

얼마나 많은 돈을 쓰는지 메모해 두어라.

• spend 쓰다

nothing
[nʌθiŋ]

046

대 아무것도 아니다

There's nothing in this box.

이 상자에는 아무것도 없다.

• box 상자

notice
[nóutis]

047

명 주의, 주목

These rules may be changed without notice.

이 규칙은 예고없이 변경 될 수 있습니다.

• rule 규칙   • change 변하다

novel
[návəl]

048

명 소설

What's the bestseller novel of this month?

이번 달 베스트셀러는 어떤 소설입니까?

• bestseller 베스트셀러   • month 달, 월

now
[nau]

049

閉 지금, 현재

It's two years now since I left Busan.
부산을 떠난 지 2년이 지났습니다.

nuclear
[njúːkliər]

050

혱 원자핵의 몡 핵

A nuclear war will bring a disaster.
핵전쟁은 재앙을 불러올 것입니다.

- war 전쟁 - bring 가져오다 - disaster 재해, 재앙

number
[nʌ́mbər]

051

몡 수, 숫자, 번호

Choose any number between one and ten.
1에서 10 사이의 숫자를 선택하십시오.

- choose 고르다

numerous
[njúːmərəs]

052

혱 많은

He has been late on numerous reasons.
그는 여러 가지 이유로 늦었습니다.

- reason 이유

nurse
[nəːrs]

053

몡 간호사

My daughter is a nurse.
내 딸은 간호사다.

- daughter 딸

nut
[nʌt]

054

몡 견과(호두 밤 따위)

The nut is very hard to crack.
호두는 잘 깨지지 않습니다.

- crack 깨뜨리다

나는 내신 100점
영단어로 공부한다!!

VOCA

대다나다

obey
[oubéi]

001

동 복종하다

We were obliged to obey him.

그에게 복종하지 않을 수 없었습니다.

- oblige 어쩔 수 없이

object
[ábdʒikt]

002

명 물건, 물체

The book was an object of admiration.

그 책은 감탄의 대상이었다.

- admiration 감탄

observe
[əbzə́ːrv]

003

동 ~을 보다, 관찰하다

The police observed them entering the bank.

경찰은 그들이 은행에 들어가는 것을 지켜보았다.

- police 경찰   • bank 은행

obtain
[əbtéin]

004

동 얻다, 손에 넣다

We obtain knowledge through many books.

우리는 많은 책을 통해서 지식을 얻습니다.

- knowledge 지식   • through 통하여   • many 많은

obvious
[ábviəs]

005

형 명백한

It's quite obvious that he's lying.

그가 거짓말하고 있는 것은 분명하다.

- lying 거짓말하는

occasion
[əkéiʒən]

006

명 경우, 때

On that occasion I was not at home.

그때 나는 집에 없었다.

occupation
[àkjupéiʃən]

007

명 직업

An announcer is an interesting occupation.

아나운서는 흥미로운 직업이다.

- announcer 방송진행자　- interesting 흥미로운

occupy
[ákjupài]

008

동 차지하다

His books occupy a lot of space.

그의 책은 많은 공간을 차지합니다.

- space 공간

occur
[əkə́:r]

009

동 일어나다, 발생하다

Many accidents occur in the home.

집에서는 많은 사고가 발생하다

- accident 사고

ocean
[óuʃən]

010

명 대양, 해양

Have you ever seen the Pacific Ocean?

너는 태평양을 본 적이 있니?

- Pacific Ocean 태평양

o'clock
[əklák]

011

명 시, 시각

I'll be done by three o'clock.

3시까지는 끝내겠습니다.

- done 끝난

odd
[ad]

012

형 이상한, 특이한

It seemed odd that the school was so quiet.

학교가 그렇게 조용하다니 이상해 보였다.

- quiet 조용한

O

of
[əv]
013

전 ~의, ~중에서

It's one of my favorite places.

여긴 마음에 드는 곳 중의 하나입니다.

- favorite 마음에 드는 것   - places 장소, 곳

off
[ɔːf]
014

부 멀리, 쉬고, 떨어져

A picture had fallen off the wall.

그림이 벽에서 떨어졌습니다.

- fall 떨어지다   - wall 벽

offend
[əfénd]
015

동 성나게 하다

I am offended by his blunt speech.

그의 퉁명스러운 말에 화가 납니다.

- blunt 퉁명스러운   - speech 말

offer
[ɔ́ːfər]
016

동 권하다, 제공하다

He's always willing to offer advice.

그는 항상 기꺼이 충고를 해준다.

- advice 충고

office
[ɔ́ːfis]
017

명 사무실

Our office keeps late hours.

우리 사무실에선 늦게까지 일합니다.

- keep 계속하다   - late 늦은   - hour 시각

officer
[ɔ́ːfisər]
018

명 장교

He is an officer in the Air Force.

그는 공군 장교예요.

- Air Force 공군

O

official
[əfíʃəl]
019

圈 공무원 圈 공식적인

My uncle is a government official.

내 삼촌은 정부의 공무원입니다.

- uncle 아저씨, 삼촌 • government 정부

often
[ɔ́:fən]
020

凰 흔히, 자주

We often go swimming on Saturdays.

우리는 자주 토요일마다 수영을 하러 간다.

- swimming 수영 • Saturday 토요일

oh
[ou]
021

凰 아, 아이구

Oh, I was really surprised that he came.

아, 그가 와서 정말 놀랐어.

- surprise 놀라움

oil
[ɔil]
022

圈 기름, 유화, 유화물감

Oil is lighter than water.

기름은 물보다 가볍다.

- light 가볍다

OK
[òukéi]
023

凰 좋아, 괜찮아

OK, but put something warmer on.

좋아요, 하지만 좀 더 따뜻한 옷을 입으세요.

- something 무언가 • warmer 따뜻하게 하는 사람, 온열기

old
[ould]
024

圈 늙은, 나이든

I'm going to throw away these old clothes.

나는 이 오래된 옷을 버릴 것입니다.

- throw away 버리다

O

Olympic

[əlímpik]

025

형 올림픽 대회의

I believe in the Olympic spirit.

저는 올림픽 정신을 믿어요.

- believe 믿다 • spirit 정신

on

[ən]

026

전 ~위에

There were a lot of cars on the road.

도로에는 많은 차들이 있었다.

- road 도로

once

[wʌns]

027

부 한 번, 언젠가

This is a once in a lifetime chance.

이건 일생에 단 한 번 있는 기회예요.

- lifetime 일생 • chance 기회

onion

[ʌ́njən]

028

명 양파

An onion has a strong taste and smell.

양파는 강한 맛과 냄새가 있습니다.

- strong 강한 • taste 맛 • smell 냄새

only

[óunli]

029

형 부 유일한, 오직

She only talks about herself.

그녀는 오직 자기 이야기만 했다.

- herself 그녀 자신

open

[óupən]

030

형 열려있는 동 열다

This window won't open.

이 창문이 열리지 않습니다.

O

opera
[ápərə]

031

명 오페라, 가극

I saw Phantom of the Opera yesterday.
나는 어제 '오페라의 유령'을 봤습니다.

- phantom 유령 • yesterday 어제

operate
[ápərèit]

032

동 작동하다, 움직이다

See how I operate this machine.
내가 이 기계를 어떻게 조작하는지 잘 보세요.

- see 보다 • machine 기계

operation
[àpəréiʃən]

033

명 작용, 수술, 운전

The new system is now in operation.
그 새 시스템을 지금 가동 중이다.

- system 제도

opinion
[əpínjən]

034

명 의견, 견해

His opinions are always interesting.
그의 의견은 항상 흥미롭다.

- interesting 재미있는

opponent
[əpóunənt]

035

명 반대자, 상대

He sat opposite to his opponent.
그는 적과 마주 앉았습니다.

- sat sit(앉다)의 과거 · 과거분사 • opposite 마주보고 있는

opportunity
[àpərtjú:nəti]

036

명 기회

You have to grasp the opportunity.
당신은 그 기회를 붙잡아야 합니다.

- grasp 붙잡다

oppose
[əpóuz]

037

동 반대하다, 저항하다

My father opposed my wish to become a singer.
아버지는 가수가 되고 싶은 나의 소망을 반대하셨다.

• wish 소원　• singer 가수

opposite
[ápəzit]

038

형 다른편의

I live opposite the post office.
나는 우체국 맞은편에 살고 있습니다.

• post office 우체국

or
[ər]

039

접 혹은, 또는

I'll see you either on Monday or Tuesday.
월요일이나 화요일에 보자.

• either 어느 하나　• Monday 월요일　• Tuesday 화요일

order
[ɔ́:rdər]

040

명 명령, 주문　동 명령하다, 주문하다

She ordered me to leave the room.
그녀는 나에게 방을 나가라고 명령했다.

• leave 떠나다

ordinary
[ɔ́:rdənèri]

041

형 보통의, 일상적인

It was just an ordinary day.
그날은 그저 평범한 날이었다.

organ
[ɔ́:rgən]

042

명 오르간

She plays the organ in church.
그녀는 교회에서 오르간을 연주합니다.

• church 교회

organization
[ɔ̀rgənizéiʃən]

043

명 조직, 단체

Our organization was created to help others.

우리 조직은 남을 돕기 위해 만들어졌다.

- create 창조하다

O

original
[ərídʒənl]

044

형 원래의　명 원본

It wasn't the original plan to do so.

최초에는 그럴 계획이 아니었습니다.

- plan 계획

other
[ʌ́ðər]

045

형 대 다른, 그 밖의

I'd love to travel to other countries.

나는 다른 나라로 여행을 가고 싶다.

- travel 여행하다　　• country 나라

otherwise
[ʌ́ðərwàiz]

046

부 그렇지 않으면

Let's go now otherwise we'll be late.

지금 가자. 그렇지 않으면 늦을 거야.

- late 늦은

ought
[ɔːt]

047

동 ~해야 한다　명 해야 할 일

He ought to be punished for what he did.

그는 그가 한 일에 대해 벌을 받아야 한다.

- punish 벌주다

out
[aut]

048

부 전 밖에, 밖으로

He's gone out for the afternoon.

그는 오후에 외출했다.

- afternoon 오후

237

outline
[áutlàin]

049

명 윤곽 동 개요를 서술하다

The building's outline was dimly visible.

건물의 윤곽이 흐릿하게 보였습니다.

- dimly 어둑한, 흐릿한 - visible 보이는

outside
[áutsáid]

050

명 바깥쪽, 외면

We need to paint the outside of the house.

우리는 집 바깥을 칠할 필요가 있다.

- paint 페인트 칠하다

over
[óuvər]

051

전 가로질러서, ~위에 부 위쪽에

She looked at me over the door.

그녀는 문 너머로 나를 바라보았다.

overcome
[òuvərkəm]

052

동 극복하다

We can't overcome the passage of time.

우리는 시간의 흐름을 극복할 수 없습니다.

- passage 통로, 복도

owe
[ou]

053

동 빚지고 있다

We owe our parents a lot.

우리는 부모님께 많은 신세를 지고 있다.

own
[oun]

054

형 자신의 동 소유하다

I want to have a car of my own.

나는 내 차를 갖고 싶어요.

나는 내신 100점
영단어로 공부한다!!

P VOCA

대다나다

package
[pǽkidʒ]
001

명 꾸러미, 소포

He burdened himself with many packages.
그는 많은 짐 꾸러미들을 들고 있었다.

- burden 짐을 나르다

page
[peidʒ]
002

명 페이지, 쪽

There's a lovely picture on the next page.
다음 페이지에 멋진 그림이 있습니다.

- picture 사진

pain
[pein]
003

명 아픔, 고통

I've got a pain in my stomach.
배가 아프다.

- stomach 배

paint
[peint]
004

명 페인트   동 페인트를 칠하다, 그리다

Wet paint smears easily.
갓 칠한 페인트는 더러워지기 쉽습니다.

- smear 더럽히다   • easily 쉽사리

pair
[pɛər]
005

명 한 쌍, 한 벌, 한 켤레

Dragonflies have two pairs of wings.
잠자리는 두 쌍의 날개를 가지고 있다.

- dragonfly 잠자리   • wing 날개

palace
[pǽlis]
006

명 궁전

The old palace is still in being.
그 고궁은 아직 존재합니다.

- old 오래 된   • still 아직   • being 존재

P

pale
[peil]

007

형 핼쑥한, 창백한

You look a little pale today.
오늘은 안색이 안 좋아 보이는군요.

- look 보이다

pan
[pæn]

008

명 납작한 냄비

Wipe pan clean with a paper towel.
냄비를 종이 휴지로 닦으세요.

- clean 깨끗한 - paper 종이 - towel 수건

pants
[pænts]

009

명 바지

The new pants are at half mast.
새로 산 바지는 너무 짧아요.

- new 새로운 - half 반 - mast 너무 짧은

paper
[péipər]

010

명 종이, 신문

Have you got any writing paper?
필기 용지가 있습니까?

- write 쓰다

parcel
[pá:rsəl]

011

명 꾸러미, 소포

I mailed the parcel at the end of last month.
소포를 지난달 말에 부쳤어요.

- mail 부치다, 우송하다 - end 끝 - last 맨 마지막의

pardon
[pá:rdn]

012

명 용서, 관용

pardon me my offence.
잘못을 용서해 주세요.

- offence 범죄, 화나게 하는 행위

parent
[pέərənt]

013

명 부모

I respect my parents.
나는 부모님을 존경합니다.
- respect 존경

park
[paːrk]

014

명 공원, 유원지

She took her children for a walk in the park.
그녀는 아이들을 데리고 공원을 산책했다.
- walk 걷다, 산책하다

parliament
[páːrləmənt]

015

명 의회, 국회

Parliament has discussed welfare.
의회는 복지에 대해 토론했다.
- welfare 복지

part
[paːrt]

016

명 일부, 부분

Part of the house was damaged in the fire.
집의 일부가 화재로 손상되었습니다.
- damage 손상

particular
[pərtíkjulər]

017

형 특별한, 특유의

She has her own particular way of writing.
그녀는 자신만의 특별한 글쓰기를 가지고 있다.

party
[páːrti]

018

명 파티, 정당

We had a party to celebrate his birthday.
우리는 그의 생일을 축하하기 위해 파티를 열었다.
- celebrate 축하하다

pass

[pæs]

019

> 통 지나가다, 통과하다
> He passd me a glass of wine.
> 그는 나에게 포도주 한 잔을 건네주었다.

passage

[pǽsidʒ]

020

> 명 통로, 복도
> The passage across to city was very rough.
> 시내로 건너가는 길은 매우 험난했다.
> • across 건너서 • rough 거친

passenger

[pǽsəndʒər]

021

> 명 승객, 여객
> The passenger is taking the wrong bus.
> 승객이 버스를 잘못 타고 있습니다.
> • taking 타고 있다 • wrong 잘못된

passport

[pǽspɔːrt]

022

> 명 여권
> You need a passport to go abroad.
> 외국에 가기 위해서는 여권이 필요하다.

past

[pæst]

023

> 형 지나간, 과거의 전 부 지나서
> The hospital is about a mile past the school.
> 병원은 학교를 1마일 정도 지나서 있다.

path

[pæθ]

024

> 명 길, 작은 길
> The path led up a steep hill.
> 그 길은 가파른 언덕으로 이어져 있었습니다.
> • led lead(이끌다)의 과거 · 과거분사 • steep 가파른 • hill 언덕

patient
[péiʃənt]

025

명 병자, 환자　형 참을성 있는

It won't take very long, so please be patient.
그리 오래 걸리지 않을 테니 조금만 기다려 주시오.

pattern
[pǽtərn]

026

명 양식, 패턴

The illness is not following its usual pattern.
그 병은 평상시의 패턴을 따르지 않고 있다.
- illness 병　- usual 평상시의

pause
[pɔːz]

027

동 잠시 멈추다

He paused to look at the view.
그는 잠깐 멈추고 풍경을 바라보았습니다.
- view 경치, 풍경

pay
[pei]

028

동 지불하다

He paid a lot of money for that bike.
그는 그 자전거를 사기 위해 많은 돈을 지불했다.
- bike 자전거

peace
[piːs]

029

명 평화

He also looks peaceful.
그는 너무 평화로워 보입니다.
- also 역시, 똑같이　- look 보이다

peanut
[píːnət]

030

명 땅콩

The children were eating peanut butter.
그 아이들은 땅콩버터를 먹고 있었습니다.
- eating 식사

pencil
[pénsəl]

031

명 연필

He handed his son a pencil.
그는 아들에게 연필을 건네주었습니다.

people
[píːpl]

032

명 사람들

It's hard to meet people in a foreign country.
외국에서 사람을 만나기는 어렵다.

- foreign 외국의

pepper
[pépər]

033

명 후추

Put a dash of pepper in the soup.
수프에 후추를 조금 치세요.

- dash 소량

percent
[pərsént]

034

명 퍼센트

I don't think you're 100 percent right.
당신 말이 100퍼센트 맞지는 않아요.

- right 옳은

perfect
[pə́ːrfikt]

035

형 완전한, 완벽한

I think they're a perfect match.
그들은 완벽한 부부라고 생각됩니다.

- think 생각   - match 결혼의 상대

perform
[pərfɔ́ːrm]

036

동 실행하다, 이행하다

The orchestra will perform in a few minutes.
오케스트라가 곧 공연을 시작하겠습니다.

- few 조금밖에 없는   - minute 분

perhaps
[pərhǽps]

037

🔵 아마, 어쩌면

This is perhaps her best novel.

이것은 아마도 그녀의 최고의 소설일 것이다.

• novel 소설

period
[píːriəd]

038

🟦 기간, 시기

What is the period of your contract?

당신의 계약 기간은 얼마나 됩니까?

• contract 계약

permanent
[pə́ːrmənənt]

039

🟩 영구적인

He is looking for a permanent job.

그는 영구적인 직업을 찾고 있습니다.

• job 직업

permit
[pərmít]

040

🟥 허락하다, 허가하다

This situation permits no delay.

이 상황을 지체할 수 없다.

• situation 위치   • delay 늦추다

person
[pə́ːrsn]

041

🟦 사람, 개인

I saw a person walking towards me.

나를 향해 걸어오는 사람을 보았다.

• toward ~쪽으로

personal
[pə́rsənl]

042

🟩 개인의

The problem is too personal to be discussed.

그 문제는 논의하기에는 너무 개인적인 것이다.

• discuss 상의하다

P

persuade
[pərswéid]

043

동 설득하다

My mother persuaded me to buy this dress.
어머니는 나에게 이 옷을 사라고 설득했다.

pet
[pet]

044

명 애완동물

He's talking about his pet theories again.
그는 또 자신의 애견 이론에 대해 말하고 있다.

- theory 이론

phase
[feiz]

045

명 단계 동 단계적으로 ~하다

West relations are entering a new phase.
서구의 관계는 새로운 국면으로 접어들고 있다.

- relation 관계

philosophy
[filásəfi]

046

명 철학

I have a philosophy of my own.
나는 내 자신의 철학이 있습니다.

phone
[foun]

047

명 전화기 동 전화하다

I phoned my grandma to ask how she was.
나는 할머니에게 전화를 걸어 그녀의 안부를 물었다.

- grandma 할머니

photo
[fóutou]

048

명 사진

This is a photo of our family.
이것은 저희 가족사진입니다.

physical
[fízikəl]

049

형 육체의, 물질의

I am in the best of my physical condition.

몸의 컨디션이 더할 나위 없이 좋아요.

- condition 상태

pick
[pik]

050

동 고르다, 선택하다

I picked Korean food for lunch.

나는 점심으로 한국 음식을 골랐다.

- lunch 점심

picnic
[píknik]

051

명 소풍, 피크닉

Are you going on a picnic tomorrow?

당신은 내일 소풍을 가나요?

- tomorrow 내일

picture
[píktʃər]

052

명 그림, 사진

This is a lovely picture of the princess.

이것은 공주의 사랑스러운 사진이다.

- princess 공주

piece
[piːs]

053

명 단편, 한 조각

She gave me a huge piece of cake.

그녀는 나에게 큰 케이크 한 조각을 주었다.

- huge 거대한

pile
[pail]

054

명 쌓아올린 것, 더미 동 쌓다

There was a pile of dirty clothes on th floor.

더러운 옷들이 바닥에 쌓여 있었다.

- dirty 더러운

pill

[pil]

055

명 알약

Take one pill three times a day.

한 번에 한 알씩 하루에 세 번 복용하세요.

• take 쥐다 • three 셋 • day 하루

pillow

[pílou]

056

명 베개

The pillow is on the bed.

베개가 침대 위에 있습니다.

pilot

[páilət]

057

명 조종사, 비행사

The pilot is leaving the cockpit.

조종사가 조종실을 나가고 있습니다.

• cockpit 조종실

pine

[pain]

058

명 솔, 소나무

The pine tree is reaching up.

소나무가 위로 자라나고 있습니다.

• reaching 도달하다

pipe

[paip]

059

명 관, 파이프

There was water coming out of the pipe.

파이프에서 물이 나오고 있었다.

pity

[píti]

060

명 불쌍히 여김, 연민

She felt great pity for the hungry children.

그녀는 배고픈 아이들에게 큰 연민을 느꼈다.

• hungry 배고픈

249

place
[pleis]

061

명 장소, 곳   동 놓다, 위치시키다

He traveled to places all over the world.
그는 세계 곳곳을 여행했습니다.
- travel 여행하다   • world 세계

plain
[plein]

062

형 분명한, 명백한

It's plain that you don't agree.
네가 동의하지 않는 것은 명백하다.
- agree 동의하다

plan
[plæn]

063

명 계획   동 계획하다

When do you plan to leave?
언제 떠날 계획이니?
- leave 떠나다

plane
[plein]

064

명 비행기, 평면

The plane will be landing on time.
비행기는 정시에 착륙할 것이다.
- landing 착륙

planet
[plǽnit]

065

명 행성

The planets roll around the sun.
행성은 태양주위를 공전합니다.
- roll 회전하다   • around 주위에   • sun 태양

plant
[plænt]

066

명 식물   동 나무를 심다, 씨를 뿌리다

The garden is full of various plants.
정원에는 다양한 식물이 가득합니다.
- various 다양한

P

plastic
[plǽstik]
067

명 플라스틱

I will not use plastic.
나는 플라스틱을 사용하지 않을 것입니다.

- use 사용

plate
[pleit]
068

명 접시, 그릇

The woman is putting food on her plate.
여자가 음식을 접시에 담고 있습니다.

- put 놓다 • food 음식

platform
[plǽtfɔːrm]
069

명 플랫폼

The train has left the platform.
기차가 승강장을 떠났습니다.

- left leave (떠나다)의 과거 · 과거분사

play
[plei]
070

동 놀다

My children were playing on the beach.
내 아이들은 해변에서 놀고 있었다.

- beach 해변

please
[pliːz]
071

부 제발   동 기쁘게 하다

Please speak slowly.
천천히 좀 말씀해 주십시오.

- speak 말 • slowly 천천히

pleasure
[pléʒər]
072

명 기쁨, 즐거움

He listened with pleasure to the beautiful music.
그는 그 아름다운 음악을 즐겁게 들었다.

- beautiful 아름다운

251

plenty
[plénti]

073

대 많음 부 많이

She keeps plenty of food in store.
그녀는 많은 식량을 비축해 두고 있어요.

- **keep** 간직하다 • **store** 비축

p.m./P. M.
[píːém]

074

명 오후

I get off at 5 p.m.!
오후 5시에 일이 끝나는데요.

pocket
[pákit]

075

명 (호)주머니, 포켓

He took a wallet out of his pocket.
그는 호주머니에서 지갑을 꺼내 들었습니다.

- **wallet** 지갑

poem
[póuəm]

076

명 시

That poem has a pleasing cadence.
그 시는 운율이 경쾌합니다.

- **pleasing** 유쾌한 • **cadence** 운율

point
[pɔint]

077

동 가리키다, 지적하다

At that point, I did not know about the treasure.
그 시점에서 나는 그 보물에 대해 알지 못했다.

- **treasure** 보물

poison
[pɔ́izn]

078

명 독

He tried to kill himself by taking poison.
그는 독약을 먹어서 자살하려고 했다.

- **kill** 죽다

P

pole
[poul]

079

명 막대기, 장대

A long pole lies across the road.

긴 막대가 길에 가로놓여 있습니다.

- lie 드러눕다 • across 가로질러 • road 길

police
[pəlíːs]

080

명 경찰

The police are searching for him now.

경찰은 지금 그를 찾고 있습니다.

- search 찾다

policy
[páləsi]

081

명 정책, 방침

They oppose Conservative policies.

그늘은 보수당 정책에 반대한다.

- oppose 반대하다 • Conservative 보수당

polite
[pəláit]

082

형 공손한

Korean people are shy and polite.

한국 사람들은 수줍고 공손합니다.

- people 사람들 • shy 수줍어하는

political
[pəlítikəl]

083

형 정치적인

He is always a very political person.

그는 항상 매우 정치적인 사람이다.

pollution
[pəlúːʃən]

084

명 오염, 공해

Cars are the main cause of air pollution.

자동차들은 공기 오염의 주요 원인입니다.

- air 공기

253

pool
[pu:l]

085

명 수영장

They're relaxing in an indoor pool.
그들은 실내 풀장에서 편히 쉬고 있습니다.

- relax 피로를 풀다
- indoor 실내

poor
[puər]

086

형 가난한, 불쌍한

My heart bleeds for the poor children.
그 불쌍한 어린이들을 생각하면 가슴이 아프지요.

- heart 마음, 심장
- bleed 마음아파 하다

popular
[pápjulər]

087

형 인기있는, 대중적인

Which colors are popular now?
어떤 색이 지금 인기가 있습니까?

- color 색
- now 지금

population
[pàpjuléiʃən]

088

명 인구

This nation's population is on the decrease.
이 나라의 인구가 감소 중입니다.

- nation 나라
- decrease 감소

pork
[pɔːrk]

089

명 돼지고기

Would you like fish, beef, or pork?
생선, 쇠고기, 돼지고기 중 무엇을 드시겠습니까?

port
[pɔːrt]

090

명 항구, 항구도시

The boat landed at the port.
배가 항구에 닿았습니다.

- boat 배
- landed 땅의

P

position
[pəzíʃən]

091

> 명 위치
>
> **Can you find our position on this map?**
> 이 지도에서 우리의 위치를 찾을 수 있겠니?
>
> • map 지도

positive
[pázətiv]

092

> 형 긍정적인, 낙관적인
>
> **He's being very positive about the future.**
> 그는 미래에 대해 매우 긍정적이다.
>
> • future 미래

possess
[pəzés]

093

> 동 소유하다
>
> **Do you possess a driver's license?**
> 운전면허증을 가지고 있나요?
>
> • license 면허

possible
[pásəbl]

094

> 형 가능한, 있음직한
>
> **Is it possible to contact the airport?**
> 공항으로 연락을 취하는 일이 가능합니까?
>
> • contact 접촉하다　• airport 공항

post
[poust]

095

> 명 우편, 우편물
>
> **Is there any post for me?**
> 나에게 온 우편물이 있니?

pot
[pat]

096

> 명 원통형의 그릇, 단지
>
> **I've made a big pot of soup.**
> 나는 큰 냄비에 수프를 끓였다.
>
> • soup 수프, 국

potato
[pətéitou]

097

명 감자

Put potatoes in cold salted water.
감자들을 찬 소금물에 넣습니다.

- cold 찬   • salted 소금에 절인

pound
[paund]

098

명 파운드(영국의 화폐 단위)

Two pounds of apples, please.
사과를 2파운드어치 주세요.

- apple 사과

pour
[pɔ:r]

099

동 따르다, 쏟다

I poured some orange juice into a glass.
나는 잔에 오렌지 주스를 조금 따랐다.

powder
[páudər]

100

명 가루, 분말

That product is sold in powder form.
그 제품은 분말 형태로 판매됩니다.

- product 생산품, 제품   • sold sell(팔다)의 과거·과거분사

power
[páuər]

101

명 힘

The police have the power to arrest criminals.
경찰은 범인을 체포할 수 있는 권한을 가지고 있다.

- arrest 체포하다   • criminal 범인

practice
[prǽktis]

102

명 실습 동 연습하다

I think I'll practice some more.
전 연습이나 더 하겠습니다.

- some 약간의   • more 보다 많이

P

praise
[preiz]

103

⟮명⟯ 칭찬

Our teacher praised us for working so hard.

선생님은 우리가 그렇게 열심히 일한 것을 칭찬하셨다.

pray
[prei]

104

⟮동⟯ 기도하다, 기원하다

I will continue to pray for him.

나는 그를 위해 기도하는 것을 계속할 것입니다.

- continue 계속하다

precious
[préʃəs]

105

⟮형⟯ 비싼, 귀중한

His friendship is very precious to me.

그의 우정은 나에게 귀중한 것입니다.

- friendship 우정

precise
[prisáis]

106

⟮형⟯ 정밀한, 정확한

I can't remember the precise date.

정확한 날짜는 기억나지 않습니다.

- remember 기억하고 있다 · date 날짜

predict
[pridíkt]

107

⟮동⟯ 예언하다

Who can predict the future?

누가 미래를 내다볼 수 있을까요?

- future 미래

prefer
[prifə́:r]

108

⟮동⟯ 좋아하다

I'd prefer to live abroad if I could.

할 수만 있다면 외국에서 살고 싶다.

- abroad 외국

prepare
[pripéər]

109

통 준비하다

We are all busy preparing for the party.

우리는 모두 파티를 준비하느라 바쁘다.

- busy 바쁘다

presence
[prézns]

110

명 존재, 출석

There is a strong military presence on the frontier.

국경에는 강력한 군대가 주둔하고 있다.

- military 군대 • frontier 국경

present
[préznt]

111

형 현재의 명 선물

He was pleased at Tom's present.

그는 탐의 선물을 받고 기뻐했습니다.

- pleased 기뻐하는

preserve
[prizə́:rv]

112

통 보호하다, 보존하다

We are interested in preserving world peace.

우리는 세계 평화를 유지하는 것에 관심이 있다.

- interest 관심 • world peace 세계평화

president
[prézədənt]

113

명 대통령

He was nominated as a presidential candidate.

그는 대통령 후보로 지명되었습니다.

- nominat 지명하다 • candidate 후보자

press
[pres]

114

통 누르다

Don't press any of the buttons.

아무 버튼도 누르지 마십시오.

- button 버튼

pretend
[priténd]

115

> 동 ~인척 하다, 가장하다
>
> **The man pretended to be dead.**
> 그 사람은 죽은 시늉을 했습니다.
>
> • dead 죽은

pretty
[príti]

116

> 형 예쁜, 귀여운
>
> **What a pretty little garden!**
> 얼마나 예쁜 정원인가!
>
> • garden 정원

prevent
[privént]

117

> 동 막다, 예방하다
>
> **What can I do to prevent this?**
> 이것을 막기 위해 나는 무엇을 해야 할까요?

previous
[prí:viəs]

118

> 형 앞의, 이전의
>
> **Previous to this, she'd always been well.**
> 이 일이 있기 전에는 그녀는 항상 건강했었습니다.
>
> • always 항상 • been be(~가 있다)의 과거분사

price
[prais]

119

> 명 가격
>
> **I don't see a price tag.**
> 가격표가 보이지 않습니다.
>
> • see 보이다 • tag 표를 붙이다

pride
[praid]

120

> 명 자부심, 긍지
>
> **His pride made him an arrogant person.**
> 그의 자존심은 그를 오만한 사람으로 만들었습니다.
>
> • arrogant 오만한

259

priest
[priːst]

121

명 성직자

The priest wore his ritual garments.

신부는 의식 때 입는 옷을 입고 있었습니다.

- ritual 의식의 • garment 의복, 옷

primary
[práimeri]

122

형 주된, 주요한

Her primary source of income is real estate.

그녀의 주된 수입원은 부동산이다.

- income 수입 • real estate 부동산

prince
[prins]

123

명 왕자

He bowed to the prince.

그는 왕자에게 절을 했다.

- bow 절하다, 고개를 숙이다

principal
[prínsəpəl]

124

형 주요한 명 학장, 총장

That is our principal investment target.

그것이 우리의 주요한 투자 목표입니다.

- investment 투자 • target 목표

principle
[prínsəpl]

125

명 원리, 원칙

I agree with you in principle.

원칙적으로는 동의합니다.

- agree 동의하다

print
[print]

126

명 인쇄, 활자 동 인쇄하다

I can't read small print without my glasses.

안경을 쓰지 않으면 작은 글씨체를 읽을 수 없다.

- small 작은 • glasses 안경

prison

[prízn]

127

⊗ 명 감옥

The thief was sent to prison for ten years.

도둑은 10 년 동안 감옥으로 보내졌습니다.

• thief 도둑

private

[práivət]

128

⊗ 형 사적인, 개인에 속하는

They have their own private beach.

그들은 그들만의 해변을 가지고 있다.

• beach 해변

prize

[praiz]

129

⊗ 명 상, 상품

Her roses won first prize at the flower show.

그녀의 장미는 꽃 박람회에서 1등을 했다.

• flower 꽃

probable

[prábəbl]

130

⊗ 형 있음직한, 개연성 있는

It is probable that they will win the election.

그들이 선거에서 이길 것 같다.

• win 이기다   • election 선거

problem

[prábləm]

131

⊗ 명 문제

The lack of food was going to be a problem.

식량 부족은 문제가 될 것입니다.

• lack 부족

proceed

[prəsíːd]

132

⊗ 동 진행하다

The work is proceeding according to plan.

그 일은 계획에 따라 진척되고 있다.

• according 따라서

process
[práses]

133

명 과정 동 처리하다
It is a process of water clarification.
그것은 물을 깨끗하게 하는 과정입니다.
- clarification 정화

produce
[prədjúːs]

134

동 생산하다 명 농작물, 생산물
This factory produces furniture.
이 공장은 가구를 생산한다.
- factory 공장 • furniture 가구

professional
[prəféʃnl]

135

형 전문의, 프로의
You should ask a lawyer for professional advice.
변호사에게 전문적인 조언을 구해야 한다.
- advice 조언

profit
[práfit]

136

명 이익, 수익
Company profits have fallen this year.
올해는 회사 수익이 떨어졌다.
- fall 떨어지다

program
[próugræm]

137

명 프로그램
Which program do you enjoy most?
어떤 프로그램을 가장 좋아합니까?
- which 어느 것 • most 대개의 사람들

progress
[prágres]

138

명 전진, 진행 동 진행하다
She is making progress in her research.
그녀는 연구를 진행하고 있습니다.
- research 연구

P

project
[prádʒekt]

139

명 계획, 과제 동 계획하다
I think that project is rather risky.
그 계획은 위험하다고 생각합니다.
- rather 오히려 • risky 위험한

promise
[prámis]

140

명 약속 동 약속하다
I will not break my promise.
약속을 깨뜨리지 않겠습니다.
- break 깨뜨리다

promote
[prəmóut]

141

동 홍보하다, 승진하다
She's been promoted to senior editor.
그녀는 수석 편집장으로 승진했다.
- senior 고위의 • editor 편집장

proof
[pru:f]

142

명 증명, 증거
I submit that full proof should be required.
완전한 증거가 필요하다고 생각합니다.
- submit 맡기다 • required 필요로 하다

proper
[prápər]

143

형 적당한, 적절한
Put the book back in its proper place.
책을 제자리에 도로 갖다 놓아라.

property
[prápərti]

144

명 재산
He has lost all his property.
그는 전 재산을 잃었다.
- lost 잃다

proportion
[prəpɔ́ːrʃən]
145

명 비율, 비례
The drawing wasn't in proportion.
그 그림은 비례하지 않았다.
- drawing 그림

propose
[prəpóuz]
146

동 제안하다, 청혼하다
What do you propose to do about it?
그것에 대해 어떻게 할 것을 제안하는가?

protect
[prətékt]
147

동 보호하다
The hedge protected us from the wind.
울타리가 우리를 바람으로부터 보호해 주었다.
- hedge 울타리 • wind 바람

protest
[prətést]
148

명 시위, 항의 동 항의하다
He knew it was useless to protest.
그는 항의해 봐야 소용없다는 것을 알았습니다.
- knew know(알다)의 과거 • useless 소용없는

proud
[praud]
149

형 자랑스러워하는
It was a proud day for her parents.
그날은 그녀의 부모님에게 자랑스러운 날이었다.
- parent 부모

prove
[pruːv]
150

동 증명하다
He has proved his courage in battle.
그는 전투에서 자신의 용기를 증명했다.
- courage 용기 • battle 전투

P

provide
[prəváid]

151

⑧ 주다, 제공하다

The hotel provides very good meals.

그 호텔은 아주 좋은 식사를 제공한다.

- meal 식사

public
[pʌ́blik]

152

⑱ 대중의, 공공의

There has been a change in public opinion.

여론에 변화가 생겼다.

- public opinion 여론

publish
[pʌ́bliʃ]

153

⑧ 출판하다

The school publishes a magazine once a term.

그 학교는 한 학기에 한 번 잡지를 발행한다.

- magazine 잡지

pull
[pul]

154

⑧ 잡아당기다

Would you pull your chair a little forward?

의자를 조금만 앞으로 당겨주시겠어요?

- chair 의자   - forward 앞으로

punish
[pʌ́niʃ]

155

⑧ 벌하다, 처벌하다

Their parent should punish the kids.

부모들이 아이들을 따끔하게 혼내야 해요.

- parent 어버이   - should 할 테다   - kid 아이들

pupil
[pjúːpl]

156

⑲ (어린) 학생

Each pupil has his own desk.

학생들에게는 각자 자기의 책상이 있습니다.

- each 각자의   - desk 책상

265

purchase

[pə́ːrtʃəs]

157

동 사다, 구입하다　명 구매

We intend to purchase a house in the country.

우리는 시골에 집을 살 작정이다.

- intend 생각하다

pure

[pjuər]

158

형 순수한, 맑은

He was wearing a crown made of pure gold.

그는 순금으로 만든 왕관을 쓰고 있었습니다.

- gold 금

purpose

[pə́ːrpəs]

159

명 목적

What was the purpose of her visit?

그녀의 방문 목적은 무엇이었습니까?

- visit 방문

purse

[pəːrs]

160

명 지갑

Always keep your money in a purse.

항상 돈을 지갑에 넣어 두어라.

- always 항상

push

[puʃ]

161

동 밀다

Someone pushed me in the back.

누군가가 내 등을 밀었다.

- back 등

put

[put]

162

동 놓다, 두다

Put the cases down there, please.

가방들은 거기 놓아 주세요.

- cases 가방, 상자

나는 내신 100점
영단어로 공부한다!!

Q VOCA

대다나다

quaint
[kweint]

001

형 진기한

We visited a quaint little village in the hills.
우리는 언덕에 있는 기이한 작은 마을을 방문했다.
- village 마을

qualify
[kwáləfài]

002

동 자격을 주다

I'd like to qualify my last remark.
나는 나의 마지막 발언의 자격을 얻고 싶다.
- remark 발언

quality
[kwáləti]

003

명 품질

He's an actor of real quality.
그는 정말 훌륭한 배우다.
- actor 배우

quantity
[kwántəti]

004

명 다량, 다수

Police found a large quantity of illegal drugs.
경찰은 다량의 불법 마약들을 발견했다.
- drug 약물

quarrel
[kwɔ́:rəl]

005

명 싸움

She had a quarrel with her brother.
그녀는 동생과 다투었다.

quarter
[kwɔ́:rtər]

006

명 4분의 1

I'd like a quarter of those chocolates, please.
초콜릿 4분의 1만 주세요.
- chocolate 초콜릿

queen

[kwiːn]

007

명 왕비, 여왕

The queen is wearing a crown.

여왕이 왕관을 쓰고 있습니다.

- wearing 입고 있는 • crown 왕관

queer

[kwiər]

008

형 괴상한

I've been feeling a little queer since dinner.

저녁 식사 이후로 기분이 좀 이상해.

- since 이후

quest

[kwest]

009

명 탐구, 탐색

The quest for a cure is nearly over.

치료법의 탐구는 거의 끝났다.

- cure 치유

question

[kwéstʃən]

010

명 물음, 질문

Please answer my question.

내 질문에 답을 하십시오.

- answer 대답

quick

[kwik]

011

형 빠른, 신속한

He was walking at a quick pace.

그는 빠른 걸음으로 걷고 있었다.

- pace 속도

quickly

[kwíkli]

012

부 빨리, 신속히

What can be served quickly?

빨리 준비될 수 있는 음식이 뭐지요?

- serve 제공하다

269

quiet
[kwáiət]

013

형 조용한, 고요한

Our teacher told us to be quiet.

우리 선생님은 우리에게 조용히 하라고 하셨다.

quilt
[kwilt]

014

명 퀼트, 누비이불

I began to learn quilts as a hobby.

나는 취미로 퀼트를 배우기 시작했습니다.

- hobby 취미

quit
[kwit]

015

동 그치다, 그만두다

She quit smoking when she got pregnant.

그녀는 임신했을 때 담배를 끊었다.

- pregnant 임신한

quite
[kwait]

016

부 상당히, 아주

This puppy is quite tame with me.

이 강아지는 잘 길들어 있습니다.

- puppy 강아지
- tame 길든

quiz
[kwiz]

017

명 퀴즈

I like to watch quiz shows.

나는 퀴즈 프로그램을 즐겨 봅니다.

- watch 관전하다
- shows 보이다

quote
[kwout]

018

동 안용하다, 전달하다

He often quotes the Bible.

그는 자주 성경을 인용한다.

- Bible 성서

나는 내신 100점
영단어로 공부한다!!

R VOCA

대다나다

rabbit
[rǽbit]
001

> 몡 토끼
>
> **There is a white rabbit in the cage.**
> 우리 안에 흰 토끼 한 마리가 있어요.
> • white 흰 • cage 우리, 새장

race
[reis]
002

> 몡 경주
>
> **It was a race against time.**
> 그것은 시간과의 경쟁이었다.
> • against 반대하여

railway
[réilwèi]
003

> 몡 철도
>
> **They're building a new railway to the south.**
> 그들은 남쪽으로 가는 새 철도를 건설하고 있다.
> • build 건설하다 • south 남쪽

rain
[rein]
004

> 몡 비 동 비가 오다
>
> **There could be some rain later.**
> 나중에 비가 올 수도 있다.

raise
[reiz]
005

> 동 들어올리다, 일으키다
>
> **A crane raised the car out of the ditch.**
> 크레인이 도랑에서 차를 들어올렸다.
> • crane 크레인 • ditch 배수로

random
[rǽndəm]
006

> 혱 닥치는 대로의
>
> **He fired a few random shots.**
> 그는 무작위로 몇 발을 쏘았다.
> • shot 발사, 발포

272

R

range

[reindʒ]

007

명 다양성, 범위

He shot the rabbit at close range.

그는 가까운 거리에서 토끼를 쏘았다.

• shot 발사

rank

[ræŋk]

008

명 지위, 계급

He is far above me in rank.

그는 나보다 지위가 훨씬 위입니다.

• far 훨씬 • above 위에

rapid

[rǽpid]

009

형 빠른

The evolution of the computer was rapid.

컴퓨터는 아주 빠르게 발전했습니다.

• evolution 발전

rare

[rɛər]

010

형 드문, 희한한

Pandas are very rare animals.

판다는 매우 희귀한 동물이다.

• panda 판다 • animal 동물

rate

[reit]

011

명 비율, 속도

The car drove at a great rate.

자동차가 고속으로 달렸습니다.

• drove drive(몰다)의 과거

rather

[rǽðər]

012

부 꽤, 약간, 상당히

His behaviour rather surprised me.

그의 행동이 오히려 나를 놀라게 했다.

• behaviour 행동

raw

[rɔː]

013

형 가공하지 않은, 날것의

Don't cook it. I'll eat it raw.

요리하지 마세요. 나는 그것을 날것으로 먹을 것에요.

- cook 요리하다

reach

[riːtʃ]

014

동 ~에 이르다, 도착하다

It was dark when we reached home.

우리가 집에 도착했을 때는 어두웠다.

- dark 어두운

react

[riǽkt]

015

동 반작용하다

I know for sure how he will react.

그가 어떻게 나올지 눈에 선해요.

- know 알다　• sure 틀림없는

read

[riːd]

016

동 읽다

I read a magazine while I was waiting.

기다리는 동안 잡지를 읽었다.

- magazine 잡지

ready

[rédi]

017

형 준비된

Is breakfast ready?

아침식사는 준비되었나요?

- breakfast 아침

real

[ríːəl]

018

형 진짜의, 정말의

What was the real reason for your absence?

결석한 진짜 이유는 무엇이었니?

- reason 이유　• absence 결석

274

R

realize
[ríːəlàiz]
019

통 깨닫다, 실현하다

I realized that I had made a terrible mistake.
나는 내가 끔찍한 실수를 저질렀다는 것을 깨달았다.

- mistake 실수

really
[ríːəli]
020

부 정말로, 실제로는

Tell us what really happened.
실제로 일어난 일을 알려주십시오.

reason
[ríːzn]
021

명 이유, 까닭

What's the real reason for the delay?
연기된 진짜 이유는 무엇입니까?

- real 진짜의   - delay 연기하다

recall
[rikɔ́ːl]
022

통 생각나게 하다

I can't recall the exact details of the report.
나는 그 보고서의 정확한 내용을 기억할 수 없다.

- exact 정확한   - detail 세부사항

receive
[risíːv]
023

통 받다

I received a pencil from him.
그에게서 연필을 받았습니다.

- pencil 연필

recent
[ríːsnt]
024

형 최근의

Her recent film is not as good as the others.
그녀의 최근 영화는 다른 영화들보다 좋지 않다.

- film 영화

recognize
[rékəgnàiz]

025

동 알아보다

Can you recognize my face?
내 얼굴을 알아볼 수 있겠니?
- face 얼굴

recommend
[rèkəménd]

026

동 추천하다

I strongly recommend this product.
이 제품을 자신 있게 권해드립니다.
- strongly 강하게 • product 생산품, 제품

record
[rékərd]

027

명 기록 동 기록하다

It was the coldest winter on record.
기록상 가장 추운 겨울이었다.
- cold 추운

recover
[rikʌ́vər]

028

동 회복하다, 되찾다

Have you recovered from your illness?
병이 나으셨나요?
- illness 병

reduce
[ridjúːs]

029

동 줄이다

Can't you reduce the expense?
비용을 줄일 수 없습니까?
- expense 비용

reference
[réfərəns]

030

명 말하기, 참고

He kept the article for future reference.
그는 나중에 참고할 수 있도록 그 기사를 보관했다.
- article 기사 • future 미래

R

reflect
[riflékt]

031

동 비추다, 반영하다

Clouds were reflected in the lake.
구름이 호수에 비쳤다.

- cloud 구름 - lake 호수

refuse
[rifjúːz]

032

동 거절하다

Why did you refuse his proposal?
왜 그의 제안을 거절한 겁니까?

- proposal 신청, 제안

regard
[rigáːrd]

033

동 ~으로 여기다 명 관심, 존경

I still regard him with affection.
나는 지금도 그에게 호의를 갖고 있어요.

- still 아직, 여전히

region
[ríːdʒən]

034

명 지방, 지역

Snow is expected in southern regions.
남부 지방에는 눈이 내릴 것으로 예상된다.

- southern 남반구의

regret
[rigrét]

035

동 후회하다 명 유감, 애석

I regretted that I hadn't taken the job.
나는 내가 그 일을 맡지 않은 것을 후회했다.

regular
[régjulər]

036

형 규칙적인

You should take regular exercise.
당신은 규칙적으로 운동 해야합니다.

reject
[ridʒékt]

037

동 거절하다
He coldly rejected his friend's plea.
그는 친구의 부탁을 냉정하게 거절했습니다.
- coldly 냉정하게   • plea 청원

relation
[riléiʃən]

038

명 관계, 관련, 친척
His argument bears no relation to the facts.
그의 주장은 사실과 전혀 관계가 없다.
- argument 논쟁   • fact 사실

relative
[rélətiv]

039

형 상대적인   **명** 친척
My uncle is my nearest relative.
나의 삼촌은 나의 가장 가까운 친척이다.
- uncle 삼촌   • nearest 가까운

relax
[rilǽks]

040

동 휴식을 취하다
I like to relax after school.
나는 방과 후에 휴식을 취하는 것을 좋아한다.
- after ~ 후에

release
[rilíːs]

041

동 풀어주다
They released the animals from the cage.
그들은 동물들을 우리에서 풀어주었다.
- cage 우리, 새장

religion
[rilídʒən]

042

명 종교
Do you still practise your religion?
아직도 종교 생활을 실천하고 계십니까?
- practise 실천하다

R

remain
[riméin]

043

동 남다

Much remains to be discussed.
아직 논의되어야 할 것이 많이 남았습니다.

- discuss 토론하다

remark
[rimá:rk]

044

명 발언, 논평　동 언급하다

I remarked that it was a nice day.
나는 날씨가 좋았다고 말했다.

remember
[rimémbər]

045

동 기억하다

Can you remember where they live?
너는 그들이 어디에 사는지 기억할 수 있니?

remind
[rimáind]

046

동 생각나게 하다

You remind me of my brother.
당신을 보니 내 동생이 생각나요.

- brother 형제, 형 또는 아우

remove
[rimú:v]

047

동 제거하다, 치우다, 옮기다

We scrubbed the walls to remove the dirt.
우리는 먼지를 제거하기 위해 벽을 닦았습니다.

- scrub 문질러 씻다

rent
[rent]

048

명 집세, 임차료

They are charging a high rent for the flat.
그들은 그 아파트에 높은 임대료를 청구하고 있다.

- charge 요금　　• flat 아파트식 주거지

repair
[ripέər]
049

동 수리하다
The TV has just been repaired.
TV가 방금 수리되었다.

repeat
[ripíːt]
050

동 되풀이하다, 반복하다
He usually repeat his question.
그는 꼭 되풀이해 질문합니다.

- usually 보통 - question 질문

replace
[ripléis]
051

동 대신하다
You'll have to replace those tyres.
너는 그 타이어를 교체해야 할 것이다.

- tyre 타이어

reply
[riplái]
052

동 대답하다   명 대답
I called her name, but there was no reply.
나는 그녀의 이름을 불렀지만 아무런 대꾸도 없었다.

report
[ripɔ́ːrt]
053

명 보고   동 발표하다
I will be working on my report.
보고서를 작성하겠습니다.

- working 일, 제조

represent
[rèprizént]
054

동 대표하다, 대변하다
The dove represent peace.
비둘기는 평화를 상징합니다.

- dove 비둘기 - peace 평화

reputation
[rèpjutéiʃən]

055

명 평판, 명성

You have a great reputation.

당신의 명성이 자자하더군요.

• great 대단한

request
[rikwést]

056

명 요청 동 요청하다

The judge requested **silence.**

판사는 침묵을 요구했다.

• judge 판사

require
[rikwáiər]

057

동 요구하다, 필요하다

This suggestion requires **careful thought.**

이 제안은 신중히 생각할 필요가 있다.

• suggestion 제안

research
[risə́:rtʃ]

058

명 연구, 조사

Research revealed him to be a bad man.

조사 결과 그는 나쁜 사람임이 드러났습니다.

• reveal 드러내다 • bad 나쁜

reserve
[rizə́:rv]

059

동 예약하다, 보류하다 명 비축

These seats are reserved **for old people.**

이 좌석은 노인들을 위해 예약되어 있습니다.

• seat 좌석

resist
[rizíst]

060

동 저항하다

They tried to resist **the enemy attack.**

그들은 적의 공격에 저항하려고 했다.

• enemy 적 • attack 공격

resource
[ríːsɔːrs]

161

명 자원, 수단
The country is rich in natural resources.
그 나라는 천연 자원이 풍부하다.
- natural 자연의

respect
[rispékt]

062

명 존경 동 존경하다
I respect you as a person.
나는 당신을 한 인간으로서 존경합니다.
- person 사람

respond
[rispánd]

063

동 대답하다
They still haven't responded to my letter.
그들은 여전히 내 편지에 답장을 하지 않았다.
- letter 편지

responsible
[rispánsəbl]

064

형 책임 있는, 신뢰할 수 있는
He is responsible for the result.
그는 그 결과에 책임이 있다.
- result 결과

rest
[rest]

065

명 휴식, 나머지
The doctor says that I need plenty of rest.
의사는 나에게 충분한 휴식이 필요하다고 말한다.
- plenty 충분한

restaurant
[réstərənt]

066

명 식당, 음식점
Do you know good restaurant for dinner?
저녁 식사를 위해 좋은 식당을 알고 있습니까?

R

result
[rizʌ́lt]
067

명 결과
I heard the football results on the radio.
나는 라디오에서 축구 결과를 들었다.
- radio 라디오

return
[ritə́:rn]
068

동 돌아오다, 반납하다
He left his native land, never to return.
그는 고국을 떠난 뒤 다시 돌아오지 않았습니다.
- native 출생지의, 원주민 - never 일찍이 한 적 없다

reveal
[rivíːl]
069

동 드러내다, 보이다
The door opened to reveal a cosy little room.
문이 열리자 아늑한 작은 방이 드러났습니다.
- door 문 - cosy 아늑한

review
[rivjúː]
070

명 평가, 재검토
I wrote a review of the new book.
나는 새 책에 대한 평론을 썼다.

revolution
[rèvəlúːʃən]
071

명 혁명, 큰 변화
The revolution brought many changes.
혁명은 많은 변화를 가져 왔습니다.
- change 변화

reward
[riwɔ́ːrd]
072

명 보상, 대가 동 보상하다
Honor is the reward of virtue.
명예는 선행의 보상이다.
- honor 명예 - virtue 선행

283

rice
[rais]

073

명 쌀, 밥

The steamed rice is a little sticky.

밥이 조금 질어요.

- **steam** 김을 내다 • **sticky** 끈적한

rich
[ritʃ]

074

형 돈 많은, 부자의

She dreamed of being rich and famous.

그녀는 부유하고 유명해지는 것을 꿈꿨다.

- **dream** 꿈꾸다 • **famous** 유명한

ride
[raid]

075

동 타다, 승마하다

Can you ride a motorbike?

너는 오토바이를 탈 수 있니?

- **motorbike** 오토바이

ridiculous
[ridíkjuləs]

076

형 우스운, 어리석은

Who made this ridiculous rule?

누가 이 어리석은 규칙을 만들었습니까?

- **rule** 규칙

right
[rait]

077

형 옳은, 올바른 명 오른쪽

All my answers were right.

내 대답은 모두 옳았다.

- **answer** 대답

ring
[riŋ]

078

명 반지

I just lost my favorite ring.

내가 좋아하는 반지를 잃어버렸어요.

- **lost** 잃은 • **favorite** 마음에 드는, 좋아하는

R

rise
[raiz]

079

명 증가, 인상   동 오르다, 일어나다

I watched the balloon rise into the sky.

나는 풍선이 하늘로 솟아오르는 것을 지켜보았다.

- watch 지켜보다   - balloon 풍선

risk
[risk]

080

명 위험

We took out an all risks insurance policy.

우리는 모든 위험 보험 정책을 취했습니다.

- insurance 보험   - policy 정책

river
[rívər]

081

명 강

The river meanders down to the sea.

강물이 굽이굽이 바다까지 흐르나.

- meander 구불구불

road
[roud]

082

명 길, 도로

There is a narrow road between the two farms.

두 농장 사이에는 좁은 길이 있다.

- narrow 좁은   - farm 농장

rock
[rak]

083

명 바위

Water springs up from the rock.

바위틈에서 물이 우러나와요.

- spring 샘, 솟아오르다

rocket
[rákit]

084

명 로켓

A flaming rocket shot into the air.

로켓이 불꽃을 내뿜으며 공중으로 치솟았습니다.

- flaming 타오르는   - shot 발포

285

roll
[roul]

085

명 두루마리, 통   동 구르다

A perfect circle can roll very fast.

완벽한 원은 매우 빨리 구를 수 있습니다.

- perfect 완전한　• circle 원　• fast 빠른

romantic
[roumǽntik]

086

형 로맨틱한

She's as romantic as a child of sixteen.

그녀는 열여섯 살의 아이처럼 로맨틱합니다.

roof
[ru:f]

087

명 지붕

A tile has fallen off the roof.

기와가 지붕에서 떨어졌다.

- tile 타일, 기와

room
[ru:m]

088

명 방, 공간

Is there enough room for me to sit down?

앉을 공간이 충분합니까?

- enough 충분한　• sit down 앉다

root
[ru:t]

089

명 뿌리

The roots of the tree spread wide.

그 나무는 널리 뿌리를 뻗치고 있습니다.

- spread 펴다, 퍼지다　• wide 널리

rope
[roup]

090

명 밧줄, 로프

The boat was tied up with a strong rope.

배는 튼튼한 밧줄로 묶여 있었다.

- tie 묶다

R

rose
[rouz]

091

명 장미

The roses cannot suffer winter cold.
장미는 겨울 추위를 견디지 못합니다.

- suffer 견디다 • winter 겨울 • cold 추운

rough
[rʌf]

092

형 거친, 대충한

My skin feels rough and dry.
피부가 거칠고 건조하다.

- skin 피부 • dry 건조한

round
[raund]

093

형 둥근, 원형의 부 둥글게

People were standing round the fire.
사람들이 불 주위에 둥글게 서 있었다.

route
[ruːt]

094

명 길, 노선

There is no exit route for her.
그녀를 위한 출구는 없다.

- exit 출구

row
[rou]

095

명 열, 줄

Our seats are on the three row.
우리 자리는 세 번째 줄에 있어요.

- our 우리의 • seat 자리, 좌석

royal
[rɔ́iəl]

096

명 왕 형 왕족의

Royal blood flows in his veins.
그의 몸에는 왕족의 피가 흐르고 있습니다.

- blood 피 • flow 흐르다 • vein 혈관

rub
[rʌb]
097

동 문지르다

He rubbed the old coin to make it shine.
그는 헌 동전을 비벼 빛나게 했다.

- coin 동전 • shine 빛나다

rubber
[rʌ́bər]
098

명 고무

The man is holding his rubber boat.
남자가 고무보트를 붙들고 있습니다.

- hold 붙들다

rude
[ru:d]
099

형 버릇없는, 무례한

It's rude to interrupt when someone is talking.
누군가가 말을 할 때 끼어드는 것은 무례한 짓이다.

- interrupt 방해하다

rule
[ru:l]
100

명 규칙

You should hold to the rules.
당신은 규칙을 지켜야 합니다.

- hold 유지하다

run
[rʌn]
101

명 달리기 동 달리다, 뛰다

The horses ran across the field.
말들이 들판을 가로질러 달렸다.

- horse 말 • field 들판

rush
[rʌʃ]
102

동 돌진하다, 서두르다

The passengers rushed to get seats on the train.
승객들은 열차의 좌석을 차지하기 위해 서둘러 갔다.

- passenger 승객 • get 얻다

288

나는 내신 100점
영단어로 공부한다!!

S VOCA

대다나다

sad
[sæd]

001

형 슬픈

Her sad story had everyone in tears.

그녀의 슬픈 이야기는 모든 사람들을 울렸습니다.

• story 이야기 • everyone 모든 사람 • tear 눈물을 흘리다

safe
[seif]

002

형 안전한

Your secret will be safe with me.

당신의 비밀은 지켜드리겠습니다.

• secret 비밀

sail
[seil]

003

명 돛 동 항해하다

Let's go for a sail this afternoon.

오늘 오후에 배를 타러 갑시다.

• afternoon 오후

salary
[sǽləri]

004

명 봉급, 급여

He gets a good salary.

그는 월급을 많이 받습니다.

sale
[seil]

005

명 판매, 매출량

The sale of my house hasn't been easy.

내 집의 판매는 쉽지 않았습니다.

• easy 쉬운

salt
[sɔːlt]

006

명 소금

The vegetables need more salt.

야채는 소금이 더 필요하다.

• vegetable 야채

S

same
[seim]

007

형 똑같은, 동일한

He sits in the same chair every evening.

그는 매일 저녁 같은 의자에 앉는다.

- sit 앉다 • chair 의자

sample
[sǽmpl]

008

명 샘플, 표본

The nurse took a blood sample for analysis.

간호사는 분석을 위해 혈액 샘플을 채취했다.

- nurse 간호사 • blood 혈액 • analysis 분석

sand
[sænd]

009

명 모래

They are lying on the sand.

그들은 모래 위에 누워 있습니다.

- lying 드러누워 있는

satisfy
[sǽtisfài]

010

동 만족시키다, 충분하다

Some people are very hard to satisfy.

어떤 사람들은 만족하기 매우 어렵다.

- hard 어려운

save
[seiv]

011

동 모으다

You need to save your money.

당신의 돈을 저축하십시오.

- need 필요 • money 돈

say
[sei]

012

동 말하다

Don't be afraid to say what you think.

네 생각을 말하는 것을 두려워하지 마라.

- afraid 두려워하는

scale
[skeil]

013

명 규모, 등급, 저울

He has gone into business on a large scale.

그는 대규모로 사업을 시작했다.

- business 사업 - large 큰

scare
[skɛər]

014

동 두려워하다, 겁주다

She's a woman who doesn't scare easily.

그녀는 쉽게 겁먹지 않는 여자다.

- easily 쉽게

scene
[si:n]

015

명 장면, 현장

She shut her eyes to the scene.

그녀는 그 장면을 안 보려 했어요.

- shut 닫음 - eye 눈

schedule
[skédʒu:l]

016

명 일정, 스케줄

Is everything going according to schedule?

모든 일이 예정대로 진행되고 있나요?

- according ~에 따라서

scheme
[ski:m]

017

명 계획, 제도

He's got some new scheme to make money.

그는 돈을 벌 새로운 계획이 있다.

school
[sku:l]

018

명 학교

What are you doing after school?

방과 후엔 뭘 합니까?

S

science
[sáiəns]
019

명 과학

She's taking exams in three science subjects.
그녀는 세 과목의 과학 시험을 보고 있다.

• subject 주제, 과목

scissors
[sízərz]
020

명 가위

These scissors aren't very sharp.
이 가위는 별로 날카롭지 않다.

• sharp 날카로운

score
[skɔːr]
021

명 점수, 득점

I totally agree on that score.
나는 그 점수에 전적으로 동의합니다.

• totally 완전히 • agree 동의하다

scratch
[skrætʃ]
022

동 긁다, 할퀴다

Your dog was scratching at the door.
당신의 개가 문을 긁고 있었습니다.

• door 문

scream
[skriːm]
023

동 비명을 지르다

The man was screaming with pain.
남자는 아파서 비명을 지르고 있었다.

• pain 고통

screen
[skriːn]
024

명 화면, 스크린

They are looking at a computer screen.
그들은 컴퓨터 화면을 보고 있습니다.

• look 보다

S

sea
[siː]
025

명 바다

The sea was perfectly calm.
바다는 정말 고요했습니다.

- perfectly 완전한, 더할 나위 없는
- calm 고요한

search
[səːrtʃ]
026

동 찾다, 수색하다

I was searching for my watch.
나는 내 시계를 찾고 있었다.

- watch 시계

season
[síːzn]
027

명 계절

Spring is a great season to travel.
봄은 여행하기에 제일 좋은 계절입니다.

- spring 봄
- great 굉장한, 근사한
- travel 여행하다

seat
[siːt]
028

명 자리, 좌석

May I take this seat?
이 자리에 앉아도 되겠습니까?

secret
[síːkrit]
029

명 비밀 형 비밀의

You must keep the secret from others.
다른 사람에게는 비밀로 간직해야 합니다.

- must 해야 한다
- keep 간직하다

section
[sékʃən]
030

명 부분, 구획

I haven't read that section yet.
저는 아직 그 부분을 읽지 않았어요.

- read 읽다
- yet 아직까지는

S

secure
[sikjúər]
031

형 안전한, 안심하는
The little boy felt secure near his parents.
그 어린 소년은 부모님 가까이에서 안정감을 느꼈다.
- near 가까이
- parent 부모

see
[siː]
032

동 보다
Can I see some samples?
견본을 볼 수 있을까요?
- sample 견본의

seed
[siːd]
033

명 씨앗, 종자
The seed will sprout in a few days.
씨앗은 며칠 있으면 싹이 돋아날 것입니다
- sprout 싹이 나다

seek
[siːk]
034

동 찾다, 추구하다
The company is seeking to improve its profit.
회사는 이윤 향상을 추구하고 있습니다.
- improve 개선하다
- profit 이윤

seem
[siːm]
035

동 ~인 것 같다
We seem to have a bad connection.
연결이 잘 안 되는 것 같아요.
- connection 연결

select
[silékt]
036

동 선택하다
I was selected to make the speech.
내가 연설을 하도록 선택되었다.
- speech 연설

self
[sel]

037

명 자아, 자신, 본모습

By evening she was her normal self again.

저녁 무렵이 되자 그녀는 다시 정상적인 모습이 되었다.

- normal 보통의

sell
[sel]

038

동 팔다

This shop sells exotic tropical fish.

이 가게는 이국적인 열대어들을 판다.

- exotic 이국적인   • tropical 열대의

send
[send]

039

동 보내다

Please send up a porter to my room.

짐꾼을 방으로 올려 보내주세요.

- porter 짐꾼, 운반인

senior
[síːnjər]

040

형 손위의   명 연장자

I respect him as my senior.

저 사람을 선배로서 존경하고 있습니다.

- respect 존경

sense
[sens]

041

명 감각

The man is of great sense.

그는 대단히 센스가 있는 사람입니다.

- great 대단한

sensitive
[sénsətiv]

042

형 감성적인, 민감한

He's very sensitive to criticism.

그는 비판에 매우 민감하다.

- criticism 비판

296

S

sentence
[séntəns]

043

명 문장, 글
He is writing a sentence on the blackboard.
그는 칠판에 한 문장을 쓰고 있습니다.
- writing 쓰기 • blackboard 칠판

separate
[sépərèit]

044

형 분리된, 따로 떨어진
That's the end of all if we separate.
우리는 헤어지면 그만입니다.
- end 끝

series
[síəri:z]

045

명 연속, 시리즈
I've never watched this series before.
난 이 시리즈물을 본 적이 없어요.
- never 일찍이 없다 • watch 지켜보다

serious
[síəriəs]

046

형 심각한
I'm glad it was not serious.
심각하지 않은 거여서 다행입니다.
- glad 기쁜, 반가운

serve
[sə:rv]

047

동 제공하다
Do you serve meals at this hotel?
이 호텔은 식사가 나오나요?
- meal 식사

service
[sə́:rvis]

048

명 서비스, 봉사
The service of this hotel is very good.
이 호텔의 서비스는 매우 좋다.
- hotel 호텔

set
[set]

049

동 놓다, 정하다, 설정하다
Has the dinner set yet?
저녁 식사는 다 됐니?

several
[sévərəl]

050

형 각자의   명 몇몇
Several letters arrived this morning.
몇 통의 편지가 오늘 오전에 도착했습니다.
• arrive 도착하다

severe
[sivíər]

051

형 극심한, 심각한
I heard he's caught a severe cold.
그가 심한 감기에 걸렸다면서요.
• heard hear(듣다)의 과거 · 과거분사   • cold 감기

shadow
[ʃǽdou]

052

명 그림자, 그늘
Stay in the shade if it's very hot.
날씨가 매우 더우면 그늘에 머물러라.

shake
[ʃeik]

053

동 흔들다
He shakes his head.
그는 머리를 흔들었습니다.
• head 머리

shall
[ʃæl]

054

조 하겠다, 할까요
Shall I bring you something to drink?
마실 것 좀 갖다 드릴까요?
• bring 가져오다   • something 무언가

S

shallow
[ʃǽlou]

055

형 얕은

The boat is in shallow water.

보트가 얕은 물에 있습니다.

shame
[ʃeim]

056

명 수치심   동 창피를 주다

His face was red with shame.

그의 얼굴은 부끄러움으로 빨개졌다.

• face 얼굴

shape
[ʃeip]

057

명 모양

The sign was triangular in shape.

그 표지판은 삼각형 모양을 하고 있었다.

• triangular 삼각형의

share
[ʃɛər]

058

동 공유하다   명 몫

We shared the food between us.

우리는 음식을 나누어 먹었다.

sharp
[ʃɑːrp]

059

형 날카로운, 뾰족한

Be careful, that knife is sharp.

조심해라, 저 칼은 날카롭다.

• Be careful 조심하다

she
[ʃiː]

060

대 그녀

She is a friend of mine.

그 여자는 내 친구입니다.

• friend 친구   • mine 나의 것

sheet
[ʃiːt]

061

명 시트, 한 장

She threw a sheet over the bed.
그녀는 침대에 시트를 깔았습니다.

- **threw** throw(던지다, 배치하다)의 과거

shelf
[ʃelf]

062

명 선반

I bumped my head on the shelf.
선반에 머리를 부딪쳤습니다.

- **bump** 부딪치다

shell
[ʃel]

063

명 껍질, 조가비

He's picking up a shell on the beach.
그는 바닷가에서 조개껍질을 줍고 있습니다.

- **picking** 채집 • **beach** 바닷가

shelter
[ʃéltər]

064

명 주거지, 대피소

The trees gave us some shelter from the rain.
나무는 우리에게 비로부터 피난처를 주었다.

shine
[ʃain]

065

동 빛나다, 반짝이다

Her face shines with happiness.
그녀의 얼굴은 행복에 빛나고 있습니다.

- **face** 얼굴 • **happiness** 행복

ship
[ʃip]

066

명 배

I see a ship on the horizon.
수평선에 배가 보입니다.

- **see** 보이다 • **horizon** 수평선

S

shirt
[ʃəːrt]

067

명 셔츠, 와이셔츠

He wears a shirt to match his pants.

그는 셔츠를 바지와 잘 어울리게 입는다.

• match 어울리다

shock
[ʃak]

068

명 충격

News of the terrible accident shocked us all.

끔찍한 사고 소식은 우리 모두에게 충격을 주었다.

• terrible 끔찍한

shoe
[ʃuː]

069

명 신발, 구두

I would like to try these shoes on.

이 신발을 신어보고 싶습니다.

• would 할 것이다 • try 해보다

shoot
[ʃuːt]

070

동 쏘다, 발사하다

He shot at the bird, but missed.

그는 새를 향해 총을 쏘았지만 빗나갔다.

• miss 놓치다

shop
[ʃap]

071

명 상점, 가게 동 물건을 사다

You can buy candy in the shop on the corner.

모퉁이에 있는 가게에서 사탕을 살 수 있다.

• candy 사탕 • corner 모퉁이

shore
[ʃɔːr]

072

명 바닷가

A ship receded from the shore.

배가 해안에서 멀어져 갔어요.

• ship 배 • recede 멀어지다

short
[ʃɔːrt]
073

형 짧은, (키가)작은
She has her hair short these days.
그녀는 요즘 머리가 짧다.
- hair 머리카락

should
[ʃəd]
074

조 ~해야 한다
You should see a doctor.
너는 의사를 꼭 만나봐야 한다.
- doctor 의사

shoulder
[ʃóuldər]
075

명 어깨
Put my jacket round your shoulders.
내 재킷을 네 어깨에 둘러라.
- jacket 재킷

shout
[ʃaut]
076

동 외치다, 소리치다
She's always shouting at her children.
그녀는 항상 아이들에게 소리칩니다.

show
[ʃou]
077

명 쇼, 전시회   동 보여주다
Shall I show you my new bike?
내 새 자전거를 보여줄까?

shower
[ʃáuər]
078

명 샤워
I just took a shower this morning.
나는 오늘 아침에 샤워를 했습니다.
- just 정확히, 바로   - took take(손에 쥐다)의 과거

S

shut
[ʃʌt]

079

동 닫다, 잠그다

Will you keep your mouth shut?

입을 닫고 조용히 계십시오.

- keep 유지하다
- mouth 입

shy
[ʃai]

080

형 수줍어하는

He was too shy to say that he knew the answer.

그는 너무 수줍어서 답을 안다고 말할 수 없었다.

- answer 대답

sick
[sik]

081

형 병든, 아픈

I've been home sick for a few days.

며칠 동안 아파서 집에 있었어요.

- few 극히 소수의

side
[said]

082

명 옆, 측면, 쪽

We waited at the side of the road.

우리는 길가에서 기다렸다.

sight
[sait]

083

명 시력

He lost his sight in a traffic accident.

그는 교통사고로 시력을 잃었다.

- traffic accident 교통사고

sign
[sain]

084

명 징후, 표지판

There are signs that the economy is improving.

경기가 호전되고 있다는 조짐이 보인다.

- economy 경제

significant
[signífikənt]

085

형 중요한

One of the most significant was the weather.
가장 중요한 것 중 하나는 날씨였습니다.
- most 가장   - weather 날씨

silence
[sáiləns]

086

명 침묵, 적막

The silence was broken by a loud cry.
큰 소리로 외치는 소리에 침묵이 깨졌다.
- broken break(깨지다)의 과거   - loud 큰

silk
[silk]

087

명 비단

Her skin is as smooth as silk.
그녀의 피부는 비단처럼 부드럽습니다.
- skin 피부   - smooth 부드러운

silly
[síli]

088

형 어리석은

It was pretty silly of you to forget your keys.
열쇠를 잊어버리다니 정말 바보 같구나.
- forget 잊다

silver
[sílvər]

089

명 은   형 은색의

Nor silver nor gold can buy it.
금과 은으로도 사지 못합니다.

similar
[símələr]

090

형 유사한, 비슷한

The two girls look quite similar.
그 두 소녀는 매우 닮았다.

S

simple
[símpl]

091

형 단순한, 간소한

We used the simple design for our poster.
우리는 포스터에 단순한 디자인을 사용했습니다.

- design 디자인   • poster 포스터

since
[sins]

092

부 그 후, 이래   전 ~부터

I've worked abroad since leaving university.
나는 대학을 졸업한 후 줄곧 해외에서 일했다.

sincere
[sinsíər]

093

형 진실된, 진정한

I like someone who is sincere.
나는 진실된 사람이 좋습니다.

- someone 누군가, 어떤 사람

sing
[siŋ]

094

동 노래하다

It was beautiful to hear them sing.
그들의 노래를 듣는 것은 아름다운 일이었습니다.

- beautiful 아름다운   • hear 듣다

single
[síŋgl]

095

형 혼자의, 단 하나의

I intend to stay single for a while yet.
나는 당분간 독신으로 지낼 작정이다.

- intend 의도하다

sink
[siŋk]

096

명 싱크대   동 가라앉다

The cup is in the sink.
컵이 싱크대에 있다.

sir

[səːr]

097

图 님, 귀하, 선생님(남성에 대한 경칭)

Hello sir, How may I help you?

안녕하세요 손님, 무엇을 도와드릴까요?

sister

[sístər]

098

图 여동생, 누나, 언니

I haven't seen my sister in a long time.

나는 오랫동안 여동생을 만나지 못했습니다.

sit

[sit]

099

图 앉다

We'd like to sit together.

우리 함께 앉고 싶습니다.

- **together** 함께

site

[sait]

100

图 위치, 현장, (인터넷)사이트

This would be a good site for the new school.

이곳은 새 학교에 좋은 장소가 될 것이다.

situation

[sìtʃuéiʃən]

101

图 상황, 처지

I wouldn't like to be in your situation.

나는 당신의 상황에 있고 싶지 않습니다.

size

[saiz]

102

图 크기, 치수

May I change the size?

다른 사이즈로 바꿔도 됩니까?

- **change** 바꾸다

S

skill
[skil]

103

명 기술, 숙련
Reading and writing are related skills.
읽기와 쓰기는 관련된 기술이다.
* relative 관련된

skin
[skin]

104

명 피부
She has clean and transparent skin.
그녀는 티 없이 맑은 피부를 가졌습니다.
* clean 맑은 * transparent 투명한

skirt
[skə:rt]

105

명 치마, 스커트
She is wearing a blue skirt.
그녀는 파란 색깔의 스커트를 입고 있다.
* wearing 입을 수 있는

sky
[skai]

106

명 하늘
There isn't a cloud in the sky!
하늘에 구름 한 점 없습니다.
* cloud 구름

sleep
[sli:p]

107

명 잠 동 잠을 자다
Some animals sleep all winter.
어떤 동물들은 겨울내내 잠을 잔다.
* winter 겨울

sleeve
[sli:v]

108

명 소매
The sleeve ripped away from the coat.
상의에서 소매가 찢어져 나갔습니다.
* rip 찢다 * away 단 데로. 떨어져서

307

slice
[slais]

109

몡 조각, 부분

Cut the cake into slices.
케이크를 조각으로 잘라라.

slide
[slaid]

110

몡 떨어짐, 미끄러짐 동 미끄러지다

The children like sliding down the stairs.
아이들은 계단에서 미끄러지는 것을 좋아한다.

• stair 계단

slight
[slait]

111

형 약간의

We've got a slight problem.
우리는 약간의 문제가 있다.

• problem 문제

slip
[slip]

112

동 미끄러지다

Watch your step so as not to slip.
미끄러지지 않도록 조심하세요.

• watch 지켜보다, 경계하다 • step 걷다

slope
[sloup]

113

몡 경사면

The slope increases as you go up the hill.
언덕을 오르면서 경사가 급해집니다.

• increases 증가 • hill 언덕

slow
[slou]

114

형 느린 부 느리게

The school clock is two minutes slow.
학교 시계가 2분 느리다.

• clock 시계

S

small
[smɔːl]
115

형 작은

This dress is too small for me.
이 옷은 나에게 너무 작다.

- dress 드레스

smart
[smaːrt]
116

형 영리한, 말쑥한

He's a very smart young man.
그는 매우 영리한 청년이다.

smell
[smel]
117

명 냄새　동 냄새나다

I've got an excellent sense of smell.
나는 후각이 뛰어나다.

- excellent 훌륭한

smile
[smail]
118

명 미소　동 미소를 짓다

She looked up and smiled at me.
그녀는 나를 보고 웃었다.

smoke
[smouk]
119

명 연기

His eyes watered from the smoke.
그는 연기 때문에 눈물이 나왔습니다.

- eye 눈　• watered 물을 뿌린

smooth
[smuːð]
120

형 매끄러운

I stroked the cat's lovely smooth fur.
나는 고양이의 사랑스럽고 매끄러운 털을 쓰다듬었다.

- stroke 쓰다듬다　• fur 털

S

snake

[sneik]

121

명 뱀

The snake cast off its skin.

뱀이 허물을 벗었습니다.

- cast 허물 벗다 • skin 피부

snow

[snou]

122

명 눈 동 눈이 내리다

I tread a path through the snow.

나는 눈을 밟아 길을 냈습니다.

- tread 밟다 • path 작은 길 • through 여기저기

so

[sou]

123

부 그렇게, 매우

I'm sorry to have kept you waiting so long.

오래 기다리게 해서 죄송합니다.

- sorry 미안합니다 • waiting 기다리기

soap

[soup]

124

명 비누

You have to wash your hands with soap.

비누로 손을 씻어야 한다.

- wash 씻다

social

[sóuʃəl]

125

형 사회적인

We have an active social life.

우리는 활발한 사회생활을 하고 있다.

- active 활동적인

society

[səsáiəti]

126

명 사회

That is unacceptable in our society.

그것은 우리 사회에서 용납될 수 없다.

- unacceptable 받아들일 수 없는

S

sock
[sak]

127

명 양말

Your socks don't match.

당신 양말은 짝이 맞지 않습니다.

• match 맞추다

soft
[sɔːft]

128

형 부드러운, 조용한

He could eat only soft food.

그는 부드러운 음식밖에 먹을 수 없었습니다.

• eat 먹다 • only 오직 • food 음식

software
[sɔ́ːftwéər]

129

명 소프트웨어, 프로그램

Is there any new software for this machine?

이 기계에 새로운 소프트웨어가 있니?

• machine 기계

soil
[sɔil]

130

명 흙

Earthworms burrow deep into the soil.

지렁이는 흙 속 깊이 굴을 팝니다.

• earthworms 지렁이 • burrow 굴 • deep 깊은

soldier
[sóuldʒər]

131

명 군인

They have sent soldiers to fight the terrorists.

그들은 테러리스트들과 싸울 병사들을 보냈다.

• fight 싸우다 • terrorist 테러범

solid
[sálid]

132

형 고체의, 견고한

Water becomes solid when it freezes.

물이 얼면 고체가 됩니다.

• freeze 얼다

solve
[salv]

133

> 图 풀다, 해결하다
>
> **What should I do to solve this problem?**
>
> 이 문제를 해결하려면 어떻게 해야 되죠?
>
> - problem 문제

solution
[səlúːʃən]

134

> 명 해결, 해답
>
> **It's a difficult to find a solution.**
>
> 해결책을 찾기가 어렵다.
>
> - difficult 어려운

some
[sʌm]

135

> 형 조금, 일부의 대 몇 몇
>
> **Children always want some attention.**
>
> 아이들은 언제나 좀 돌봐줄 필요가 있어요.
>
> - attention 돌봄

sometimes
[sʌ́mtàimz]

136

> 부 때때로, 가끔
>
> **Sometimes life can be hard.**
>
> 가끔 사는 것이 어려울 수 있습니다.
>
> - hard 어려운

somewhere
[sʌ́mhwɛər]

137

> 부 어딘가에
>
> **She's on holiday somewhere in Paris.**
>
> 그녀는 파리 어딘가에서 휴가를 보내고 있다.
>
> - holiday 휴일

son
[sʌn]

138

> 명 아들
>
> **I told my son not to play all day.**
>
> 나는 아들에게 종일 놀지만 말라고 말했습니다.
>
> - told tell(말하다)의 과거 · 과거분사
> - play 놀다

S

song
[suŋ]

139

명 노래

As he walked along he sang a little song.

그가 걸어가면서 작은 노래를 불렀다.

• walk 걷다

soon
[suːn]

140

부 곧, 머지않아

We should arrive soon after lunch.

우리는 점심 식사 후에 곧 도착해야 한다.

• arrive 도착하다   • lunch 점심

sore
[soːr]

141

형 아픈

I sat down to rest my sore feet.

나는 아픈 발을 쉬기 위해 앉았다.

• rest 쉬다

sorry
[sári]

142

형 미안한, 죄송한

Sorry but I think you're wrong.

미안하지만 네가 틀렸다고 생각해.

• wrong 틀린

sort
[soːrt]

143

명 종류, 성질

What sort of sandwich do you want?

어떤 종류의 샌드위치를 원하십니까?

soul
[soul]

144

명 영혼, 마음

She's dead, but her soul's in heaven.

그녀는 죽었지만 영혼은 천국에 있다.

• dead 죽은   • heaven 천국

sound

[saund]

145

명 소리

I heard a strange sound from outside.

밖에서 이상한 소리가 들렸다.

- strange 이상한 • outside 밖

sour

[sáuər]

146

형 시큼한, 신

The heat turned the milk sour.

더위 때문에 우유가 상해 있었습니다.

- heat 더위 • turned 돌린

source

[sɔːrs]

147

명 원천, 근원

The rumor came from an unreliable source.

그 소문의 근원지는 신뢰할 수 없습니다.

- rumor 소문 • unreliable 신뢰할 수 없는

south

[sauθ]

148

명 남쪽

The South of Korea is warmer than the North.

남한은 북한보다 따뜻하다.

souvenir

[sùːvəníər]

149

명 기념품, 선물

Thank you for the nice souvenir.

멋진 기념품 고마워요.

- nice 멋진, 좋은

space

[speis]

150

명 우주, 공간, 틈

An astronaut is a person who travels into space.

우주 비행사는 우주로 여행을 하는 사람입니다.

- astronaut 우주비행사 • person 사람 • travel 여행하다

spare
[spεər]

151

형 여분의, 예비용의

Remember to take a spare pair of shoes.
여분의 신발을 가지고 가는 것을 잊지 말아라.

- **remember** 기억하다

speak
[spiːk]

152

동 말하다, 이야기하다

Everyone started to speak at once.
모두들 일시에 말하기 시작했다.

- **at once** 동시에

special
[spéʃəl]

153

형 특별한

Your birthday is a very special day.
너의 생일은 매우 특별한 날이나.

- **birthday** 생일

specific
[spisífik]

154

형 구체적인, 명확한

Let me ask you some specific questions.
구체적인 질문 몇 가지 드리겠습니다.

- **ask** 묻다 • **some** 몇 개의 • **question** 질문

speech
[spiːtʃ]

155

명 연설, 담화

The winner had to give a speech.
우승자는 연설을 해야 했다.

- **winner** 우승자

speed
[spiːd]

156

명 속도, 속력

We were walking at an average speed.
우리는 평균 속도로 걷고 있었다.

- **average** 평균의

315

spelling
[spéliŋ]

157

명 철자, 맞춤법

My son's spelling has improved.
내 아들의 철자가 향상되었습니다.

- improve 나아지다

spend
[spend]

158

동 (돈, 시간을)쓰다, 소비하다

How much do you want to spend?
얼마를 쓰시겠습니까?

- How much 얼마

spicy
[spáisi]

159

형 양념 맛이 강한

Hot spicy food is what I like best.
내가 가장 좋아하는 것은 매운 음식이다.

- hot 매운

spider
[spáidər]

160

명 거미

The spider is making a web.
거미가 거미줄을 치고 있습니다.

- web 거미줄, 망

spin
[spin]

161

동 돌다, 회전하다   명 회전

The back wheel of my bike was still spinning.
내 자전거 뒷바퀴는 여전히 돌고 있었다.

- wheel 바퀴

spirit
[spírit]

162

명 정신, 영혼

Here in body, but not in spirit.
몸은 여기에 있으나 정신은 딴 곳에 있네요.

- here 여기에   • body 몸

S

split
[split]

163

동 분열되다, 나누다 명 분할

Why don't we split the bill?

나누어서 계산 하는 게 어때요?

* bill 계산서

spoil
[spɔil]

164

동 망쳐놓다

Let's not spoil our precious love.

우리의 소중한 사랑을 망치지 맙시다.

* precious 귀중한, 가치가 있는

spoon
[spuːn]

165

명 숟가락

Two spoons of sugar, please.

설탕 두 숟가락 넣어주세요.

* sugar 설탕

sport
[spɔːrt]

166

명 체육, 스포츠

I've never been very keen on sport.

나는 지금까지 스포츠에 열중해 본 적이 없다.

* keen 열정적인

spot
[spat]

167

명 점, 반점

Leopards have dark spots on their bodies.

표범은 몸에 어두운 점이 있다.

* leopard 표범

spread
[spred]

168

동 펴다, 펼치다

A wide panorama spreads out before me.

넓은 전망이 눈앞에 전개됩니다.

* wide 넓은   * panorama 전경, 파노라마

spring
[spriŋ]

169

명 봄

Flowers begin to bloom in spring.
봄에는 꽃들이 피기 시작한다.
- flower 꽃 • bloom 꽃이 피다

square
[skwɛər]

170

명 정사각형, 광장

The angle of square are all right angles.
사각형의 각도는 모두 직각입니다.
- angle 각도 • right angle 직각

squeeze
[skwiːz]

171

동 짜다, 압착하다

The train was full but I squeezed in anyway.
기차는 만원이었지만 어쨌든 나는 비집고 들어갔다.

stage
[steidʒ]

172

명 무대, 단계

The plan is still in its early stages.
그 계획은 아직 초기 단계에 있다.
- plan 계획

stair
[steər]

173

명 계단

The stairs are high and steep.
계단이 높고 가파릅니다.
- steep 가파른

stamp
[stæmp]

174

명 우표

Do you collect foreign stamps?
외국의 우표를 수집하고 있습니까?
- collect 수집하다 • foreign 외국의

S

stand
[stænd]

175

동 일어서다, 위치하다
We all stood when the visitors arrived.
방문객들이 도착했을 때 우리는 모두 서 있었다.
- visitor 방문객

standard
[stǽndərd]

176

명 표준, 기준
It is measured by the same standard.
그것은 동일 표준으로 계량한다.
- measure 측정하다

star
[sta:r]

177

명 별, 인기인, 유명인사
He is looking at the star through a telescope.
그는 망원경으로 별을 보고 있다.
- telescope 망원경

start
[sta:rt]

178

동 출발하다, 떠나다, 시작하다
He started working here a week ago.
그는 일주일 전에 여기서 일하기 시작했다.
- ago 전에

state
[steit]

179

명 상태
The survivors are still in a state of shock.
생존자들은 여전히 충격 상태에 있다.
- survivor 생존자   - shock 충격

statement
[stéitmənt]

180

명 발표, 진술
I could not deny the truth of this statement.
나는 이 진술의 진실을 부정할 수 없었다.
- deny 부인하다

station
[stéiʃən]

181

명 역, 정거장

What station do I transfer at?

어느 정류장에서 갈아탑니까?

- transfer 갈아타다

statue
[stǽtʃuː]

182

명 상, 조상(彫像)

In the main hall is a statue of a woman.

본당에는 여성의 동상이 있다.

status
[stéitəs]

183

명 지위, 신분

What jobs have the most status in Korea?

한국에서는 어떤 직업들이 사회적 지위가 가장 높죠?

- job 일, 직업

stay
[stei]

184

동 남다, 머무르다

I can't stay awake another minute.

나는 한시도 더 깨어 있을 수 없다.

- awake 깨어있는

steady
[stédi]

185

형 꾸준한

We drove at a steady speed.

우리는 일정한 속도로 운전했습니다.

- drove drive(운전하다)의 과거

steal
[stiːl]

186

동 훔치다

He was caught in the act of stealing.

그는 물건을 훔치다가 잡혔습니다.

- caught catch(붙잡다)의 과거 · 과거분사   - act 소행, 짓

S

steam
[sti:m]
187

명 증기, 스팀

The engines are driven by steam.
엔진은 증기로 움직인다.

• engine 엔진

steel
[sti:l]
188

명 강철

I work at a steel company.
저는 철강회사에서 일합니다.

• company 회사

steep
[sti:p]
189

형 가파른, 비탈진

This hill's too steep to ride up.
이 언덕은 너무 가파라서 올라갈 수 없다.

• ride up 올라가다

step
[step]
190

동 걷다 명 걸음, 단계

I didn't even step out of the house.
집 밖으로는 한 발자국도 나가지 않았어요.

stick
[stik]
191

명 막대기

He drew in the sand with a stick.
그는 막대기로 모래에 그림을 그렸다.

• drew draw(그리다)의 과거

stiff
[stif]
192

형 뻣뻣한

The door handle was a bit stiff.
문 손잡이가 좀 뻣뻣했다.

• handle 손잡이

321

still
[stil]

193

부 아직

He's still got a boyish face.

그 사람 아직 동안이던데요.

- boyish 아이같은 • face 얼굴

stir
[stəːr]

194

동 젓다, 섞다

She stirred the mixture with a spoon.

그녀는 숟가락으로 혼합물을 휘저었다.

- mixture 혼합물

stock
[stak]

195

명 재고, 주식

There wasn't much stock left after the sale.

판매 후 재고가 많지 않았습니다.

- sale 판매

stomach
[stʌ́mək]

196

명 위(胃), 배

I've got a pain im my stomach.

배가 아프다.

stone
[stoun]

197

명 돌

He threw a stone into the water.

그는 물 속에 돌을 던졌다.

- threw throw(던지다)의 과거

stop
[stap]

198

동 멈추다, 서다

It is time to stop this nonsense.

이제 이런 헛소리를 그만둘 때가 되었다.

- nonsense 허튼소리

S

store
[stɔːr]

199

명 가게, 상점

I'm busy opening a new store these days.
나는 요즘 새 가게를 열어서 바쁘다.

• these days 요즘

storm
[stɔːrm]

200

명 폭우, 폭풍우

Last night there was a terrible storm.
어젯밤에는 무서운 폭풍이 몰아쳤다.

• terrible 끔찍한

story
[stɔ́ːri]

201

명 이야기

He told us a story about a princess.
그는 우리에게 공주에 대한 이야기를 들려주었다.

• princess 공주

stove
[stouv]

202

명 난로, 화덕

Did you turn off the stove?
난로를 다 껐나요?

• turn 끄다

straight
[streit]

203

형 곧은, 똑바른   부 똑바로

He always maintains a straight posture.
그는 항상 자세가 꼿꼿합니다.

• maintain 유지하다   • posture 자세

strain
[strein]

204

명 부담, 압력

The additional work put a great strain on him.
그 추가 작업은 그에게 큰 부담을 주었다.

• additional 추가의

323

strange
[streindʒ]

205

형 이상한

Tell the children not to talk to strange people.
아이들에게 낯선 사람들에게 말하지 말라고 하세요.

stream
[striːm]

206

명 시내, 개울

A huge rock hangs over the stream.
큰 바위가 개울 위에 돌출해 있습니다.

- huge 거대한   • rock 바위   • hang 매달다, 늘어뜨리다

street
[striːt]

207

명 거리, 길

The boy lives in the same street as me.
그 소년은 나와 같은 거리에 산다.

strength
[streŋkθ]

208

명 세기, 힘

I had to use all my strength to open the door.
나는 온 힘을 다해 문을 열어야 했다.

stress
[stres]

209

명 스트레스, 압박

He hated the stress of living in a big city.
그는 대도시에 사는 스트레스를 싫어했다.

- hate 싫어하다

stretch
[stretʃ]

210

동 뻗치다, 늘이다

Stretch your arms above your head.
팔을 머리 위로 뻗으세요.

- above 위에

S

strict
[strikt]

211

〔형〕 엄격한

He is both strict and tender.

그는 엄격하지만 자상한 면도 있어요.

- both 양쪽의 - tender 친절한, 상냥한

strike
[straik]

212

〔동〕 치다, 부딪치다

The ship struck a rock.

그 배는 암초에 부딪쳤습니다.

- struck strike의 과거 · 과거분사 - rock 암초

string
[striŋ]

213

〔명〕 줄, 실

She tied up the parcel with string.

그녀는 그 꾸러미를 끈으로 묶었습니다.

- tie 묶다 - parcel 꾸러미

strong
[strɔːŋ]

214

〔형〕 힘센, 강한, 단단한

The roof must be made of a strong material.

지붕은 튼튼한 재료로 만들어야 한다.

- roof 지붕 - material 재료

structure
[strʌ́ktʃər]

215

〔명〕 구조, 건축물

The structure is made of timber.

건물은 목재로 지어진 것입니다.

- timber 목재

struggle
[strʌ́gəl]

216

〔동〕 투쟁하다, 버둥거리다

He struggled against his attacker.

그는 공격자와 맞서 싸웠다.

- against 싸우다 - attacker 공격자

stubborn
[stʌ́bərn]

217

형 고집이 센, 완고한

He was stubborn and refused to come with us.
그는 고집이 세서 우리와 함께 가기를 거부했다.

- refuse 거절하다

student
[stjúːdənt]

218

명 학생

She was one of my beloved students.
그녀는 내가 아끼는 학생 중의 한 명이었어요.

- beloved 가장 사랑하는

study
[stʌ́di]

219

명 공부 동 공부하다

You shouldn't give up studying English.
영어 공부를 포기해선 안 됩니다.

- shouldn't should not의 간약형

stuff
[stʌf]

220

명 물건, 물질

There was some sticky stuff on the floor.
바닥에 끈적끈적한 물건들이 몇 개 있었다.

- sticky 끈적끈적한

stupid
[stjúːpid]

221

형 어리석은, 바보 같은

You must be stupid if you believe that!
그 말을 믿는다면 바보임에 틀림없다!

- believe 믿다

style
[stail]

222

명 스타일, 방식

This is not my style.
내가 좋아하는 스타일이 아닙니다.

S

subject
[sʌ́bdʒikt]

223

명 (다뤄지고 있는) 문제, 주제, 과목

He was engrossed in the subject.

그는 그 문제에 몰두하고 있었습니다.

- engross 몰두시키다

substance
[sʌ́bstəns]

224

명 물질

The substance hardens as it cools.

그 물질은 식으면 굳어집니다.

- harden 굳히다, 딱딱하게 하다　• cool 식은

succeed
[səksíːd]

225

통 성공하다

I felt convinced that he would succeed.

그가 성공할 것이라고 확신하고 있었지요.

- felt 느껴지는　• convinced 확신을 가진

such
[sʌtʃ]

226

대 그러한, 그와 같은

He is such an awful miser.

그는 지독한 구두쇠입니다.

- awful 몹시, 굉장한　• miser 구두쇠

suddenly
[sʌ́dnli]

227

부 갑자기

I realized suddenly that I was lost.

나는 갑자기 내가 길을 잃었다는 것을 깨달았다.

- realize 깨닫다　• lost 길을 잃은

suffer
[sʌ́fər]

228

통 경험하다, 고통받다

He is suffering from a headache.

그는 두통으로 괴로워하고 있습니다.

- headache 두통

sufficient

[səfíʃənt]

229

형 충분한

There is sufficient food for everybody.

모든 사람이 먹을 만한 음식이 있습니다.

- food 음식   • everybody 각자 모두, 누구나

sugar

[ʃúgər]

230

명 설탕

I take sugar in tea, but not in coffee.

나는 차에는 설탕을 넣지만 커피에는 넣지 않습니다.

- coffee 커피

suggest

[səgdʒést]

231

동 제안하다

I suggested that we should go back home.

나는 집으로 돌아가자고 제안했다.

suit

[suːt]

232

명 양복, 정장   동 어울리다

That dress really suits you.

그 옷은 너에게 정말 잘 어울린다.

sum

[sʌm]

233

명 총계, 합계

The whole comes to an enormous sum.

전부 합하면 상당한 금액이 됩니다.

- whole 전부의   • enormous 거대한

summary

[sʌ́məri]

234

명 요약, 개요

Here is a summary of the article.

여기 그 기사의 요약이 있다.

- article 글, 기사

S

summer
[sʌ́mər]

235

명 여름

It was a beautiful summer.
아름다운 여름이었다.

• beautiful 아름다운

sun
[sʌn]

236

명 태양, 해

The sun has climbed the sky.
태양이 하늘로 떠올랐습니다.

• climb 오르다

superior
[səpíəriər]

237

형 우수한

He always says he's superior.
그는 항상 자신이 우수하다고 말한다.

• say 말하다

supper
[sʌ́pər]

238

명 만찬, 저녁식사

I just enjoy supper so much that I overeat.
저녁 식사는 너무 맛있어 늘 과식을 해요.

• much 많은, 다량의　• overeat 과식하다

supply
[səplái]

239

동 공급하다　명 공급

All employees are supplied with a uniform.
모든 직원에게는 유니폼이 제공됩니다.

• employee 고용인　• uniform 제복

support
[səpɔ́ːrt]

240

동 지지하다, 지원하다

I hope you'll support me.
당신이 나를 지지하길 바랍니다.

• hope 바라다

suppose
[səpóuz]

241

통 추측하다

I suppose she must be the new boss.

나는 그녀가 새로운 사장임에 틀림없다고 생각한다.

- boss 상관, 사장

sure
[ʃuər]

242

형 확신하는

I think so, but I'm not absolutely sure.

그렇게 생각하지만, 확실히는 모르겠어.

- absolute 완전한

surface
[sə́:rfis]

243

명 표면

Do not scratch the furniture surface.

가구 표면을 긁지 마십시오.

- scratch 흠집   • furniture 가구

surprise
[sərpráiz]

244

명 놀람   통 놀라다

To my surprise I won the competition.

놀랍게도 나는 그 대회에서 우승했다.

- competition 대회

surround
[səráund]

245

통 에워싸다

The prison is surrounded by a high wall.

감옥은 높은 담으로 둘러싸여 있다.

- prison 감옥

survive
[sərváiv]

246

통 살아남다

There were no survivors of the plane crash.

비행기 추락의 생존자는 없었다.

- plane crash 비행기 사고

S

suspect
[səspékt]

247

图 의심하다 명 용의자

I suspect that he is not telling the truth.
나는 그가 진실을 말하고 있지 않다고 의심한다.

- truth 진실

swallow
[swálou]

248

图 넘기다, 삼키다 명 제비

It must be hard, but swallow some soup.
힘들겠지만, 수프를 좀 삼켜라.

swear
[swεər]

249

图 맹세하다

I swear I will keep my promise.
맹세코 약속을 지키겠습니다.

- keep 간직하다   • promise 약속

sweep
[swi:p]

250

图 (빗자루로) 쓸다, 휙 지나가다

A storm swept over the country.
폭풍우가 전국을 휩쓸었다.

sweet
[swi:t]

251

혱 달콤한, 감미로운

I eat a lot of sweet things between meals.
나는 식사 사이에 달콤한 것을 많이 먹는다.

- between 사이   • meal 식사

swell
[swel]

252

图 붓다, 증가하다

Her fingers were badly swollen with arthritis.
그녀의 손가락은 관절염으로 심하게 부어 있었다.

- arthritis 관절염

swim
[swim]

253

> 동 헤엄치다, 수영하다
>
> **Can swim the river twice without stopping.**
> 나는 멈추지 않고 강을 두 번 헤엄칠 수 있다.

- twice 두 번

swing
[swiŋ]

254

> 명 그네 동 흔들리다
>
> **The monkey was swinging from a branch.**
> 원숭이는 나뭇가지에서 그네를 타고 있었다.

- monkey 원숭이 • branch 나뭇가지

switch
[switʃ]

255

> 명 스위치 동 바꾸다
>
> **Where is the switch?**
> 스위치가 어디 있습니까?

symbol
[símbəl]

256

> 명 상징
>
> **This wedding ring is a symbol of our love.**
> 이 결혼반지는 우리 사랑의 상징이다.

- wedding ring 결혼반지

sympathy
[símpəθi]

257

> 명 동정, 위로, 애도
>
> **My sympathies are with the victim's family.**
> 저의 애도를 피해자의 가족에게 보냅니다.

- victim 희생자

system
[sístəm]

258

> 명 체계, 계통
>
> **We need systems that will make our work easier.**
> 우리는 우리의 일을 더 쉽게 할 시스템이 필요하다.

- easy 쉬운

나는 내신 100점
영단어로 공부한다!!

T VOCA

대다나다

table
[téibl]

001

명 식탁, 테이블

Can we have a table by the window?

창가쪽 자리가 있을까요?

tail
[teil]

002

명 꼬리

The dog is wagging his tail.

개가 꼬리를 흔들고 있어요.

- **wagging** 흔들다

take
[teik]

003

동 데리고 가다, 가지고 가다

Dad took us to the station in his car.

아빠는 우리를 차로 역까지 데려다주셨다.

- **took** take의 과거

talent
[tǽlənt]

004

명 재주

He's a young ski player with a lot of talent.

그는 많은 재능을 가진 젊은 스키 선수다.

- **young** 젊은   • **ski** 스키

talk
[tɔːk]

005

동 말하다, 이야기하다

He is all talk and no action.

그는 말만 하고 행동은 하지 않는 사람입니다.

- **action** 행동

tall
[tɔːl]

006

형 키가 큰

I like a girl who is tall and pretty.

나는 키가 크고 예쁜 여자를 좋아합니다.

- **pretty** 예쁜

T

tank
[tæŋk]

007

명 탱크

There's enough petrol in the tank.

탱크에 기름이 충분히 있다.

- petrol 휘발유

tap
[tæp]

008

동 가볍게 두드리다

There was a discreet tap at the door.

문을 조심스레 노크하는 소리가 났어요.

- discreet 신중한

target
[táːrgit]

009

명 표적, 목표

We are trained to hit moving targets.

우리는 움직이는 목표물을 타격하는 훈련을 받았다.

- train 교육시키다

task
[tæsk]

010

명 일, 임무

I was given the task of sweeping the floors.

나는 바닥을 청소하는 임무를 받았다.

- sweep 쓸다

taste
[teist]

011

명 맛 동 맛보다

An onion has a strong taste.

양파는 맛이 강합니다.

- onion 양파   - strong 강한

tax
[tæks]

012

명 세금

Half of my salary goes in tax.

월급의 절반은 세금으로 나간다.

- Half 절반   - salary 월급

tea
[ti:]

013

명 차, 홍차

Two teas with milk and sugar, please.
우유와 설탕이 든 차 두 잔 부탁합니다.

teach
[ti:tʃ]

014

동 가르치다

My religion teaches that war is wrong.
나의 종교는 전쟁은 잘못된 것이라고 가르친다.

- religion 종교

team
[ti:m]

015

명 팀, 동료

He is in the school basketball team.
그는 학교 농구부에 있다.

- basketball 농구

tear
[tiər]

016

명 눈물

Her eyes were filled with tears.
그녀의 눈에는 눈물이 가득했어요.

- fill 가득하게 하다

technical
[téknikəl]

017

형 기술의, 전문의

The book is full of technical terms.
그 책은 전문 용어로 가득 차 있다.

- term 전문 용어

teenager
[téknikəl]

018

명 십대(나이가 13~19세인 사람)

Teenager have become a huge market.
십대들은 거대한 시장이 되었습니다.

- become ~이 되다   - huge 거대한

T

telephone
[téləfòun]

019

명 전화

Who is the inventor of the telephone?
전화를 발명한 사람은 누구입니까?

- inventor 발명자

television
[téləvìʒən]

020

명 텔레비전

The boy is always glued to the television.
그 아이는 항상 텔레비전 앞에서 떠날 줄을 모릅니다.

- glue 아교로 붙이다

tell
[tel]

021

동 말하다, 이야기하다

My dad told me how to use a calculator.
아빠가 나에게 계산기 사용법을 말해 주었다.

- calculator 계산기

temper
[témpər]

022

명 기질, 성질

I have a quick temper.
나는 성질이 급합니다.

- quick 성미 급한

temperature
[témpərətʃuər]

023

명 온도, 기온

The temperature has fallen.
온도가 내려갔습니다.

- fallen 떨어진

temple
[témpl]

024

명 사원, 신전

How old is the temple thought to be?
사원은 얼마나 오래 된 것으로 생각되나요?

- old 오래 된   - thought 생각하기

temporary
[témpərèri]

025

형 일시적인, 임시의

He was sitting as a temporary judge.

그는 임시 심사위원을 맡고 있었습니다.

- sitting 착석, 재직의　• judge 심사원, 재판관

tend
[tend]

026

동 경향이 있다, 돌보다

It tends to rain here a lot in summer.

여기는 여름에 비가 많이 오는 경향이 있다.

- summer 여름

tennis
[ténis]

027

명 정구, 테니스

Would you play tennis with me?

나와 테니스를 치겠습니까?

term
[təːrm]

028

명 기간, 용어

I will take the term exam from next week.

다음 주부터 기말시험을 치릅니다.

- exam 시험　• next 다음　• week 주

terrible
[térəbəl]

029

형 끔찍한, 지독한

The traffic today was really terrible.

오늘 교통은 정말 끔찍했다.

- traffic 교통

test
[test]

030

명 테스트, 시험

I passed the test.

나는 시험에 붙었습니다.

- pass 합격하다

T

textbook
[tékstbùk]

031

명 교과서

I forgot to bring my textbook.
교과서를 안 가져왔어요.

- **forgot** forget(잊다)의 과거 · 과거분사　• **bring** 가져오다

than
[ðæn]

032

접 전 ~보다

She's older than me.
그녀는 나보다 나이가 많다.

thank
[θæŋk]

033

동 고맙다고 하다

Thank you for the compliment.
칭찬해 주셔서 감사합니다.

- **compliment** 칭찬

that
[ðæt]

034

대 저것, 그것

That's my teacher over there.
저기 계신 분이 우리 선생님이야.

- **over there** 저쪽에

the
[ðə]

035

[정관사] 그, 저

The money was stolen by a thief.
그 돈은 도둑에게 도둑맞았다.

theater
[θíːətər]

036

명 극장, 연극

The theater is bursting with people.
극장은 대만원입니다.

- **bursting** 충만하다　• **people** 사람들

them
[ðəm]

037

때 그들에게, 그것들에게

Where are my friends? I can't find them.

내 친구들이 어디에 있나요? 난 그들을 찾을 수 없다.

- find 찾다

then
[ðen]

038

甼 그때, 그 다음에

I'll probably be dead by then.

그때쯤이면 아마 나는 죽을 것이다.

- probably 아마

theory
[θíːəri]

039

명 이론, 학설

His theory is suspect.

그의 이론은 의심스럽습니다.

- suspect 의심하다

there
[ðέər]

040

甼 그 곳에, 거기에

We've just got to get there on time.

우리는 정시까지 꼭 거기에 도착해야 합니다.

- just 정확히   - time 시간

therefore
[ðέərfɔ̀ːr]

041

甼 그러므로, 그러니

Therefore, it is important to find the average.

그러므로, 평균을 구하는 것이 중요합니다.

- important 중요한   - average 평균

they
[ðei]

042

때 그들, 그것들

They moved there two years ago.

그들은 2년 전에 그곳으로 이사했다.

- move 이사하다

T

thick
[θik]

043

형 두꺼운 부 두껍게

Snow lay thick on the ground.

많은 눈이 쌓여 있습니다.

- snow 눈 - ground 지면, 땅

thief
[θiːf]

044

명 도둑

The old lady was attacked by a thief.

그 노부인은 도둑의 습격을 받았다.

- attack 공격하다

thin
[θin]

045

형 얇은

The slices do not need to be thin.

그 조각을 얇게 썰 필요가 없어요.

- slice 얇은 조각 - need 필요

thing
[θiŋ]

046

명 물건, 것

We had to do some very difficult things.

우리는 매우 어려운 일들을 해야 했다.

- difficult 어려운

think
[θiŋk]

047

동 생각하다

Think hard before you answer.

대답하기 전에 열심히 생각해라.

thirsty
[θɔ́ːrsti]

048

형 목마른

Salty food makes me thirsty.

짠 음식을 먹으면 목이 마르다.

- salty food 짠 음식

this
[ðis]
049

대 이것
Is this fish fresh?
이 생선은 신선합니까?
• fish 생선 • fresh 신선한

thorough
[θə́:rou]
050

형 철저한, 빈틈없는
She's slow but very thorough.
그녀는 느리지만 매우 철저하다.
• slow 느린

though
[ðou]
051

접 ~이긴 하지만
I enjoy it even though it's hard work.
비록 힘든 일이기는 하지만 나는 그것을 즐긴다.
• enjoy 즐기다

thread
[θred]
052

명 실, (이야기의) 가닥, 맥락
I've lost the thread of your argument.
나는 너의 논쟁의 실마리를 잃어버렸다.
• argument 논쟁

threaten
[θrétn]
053

동 협박(위협)하다
He threatened to murder me.
그는 나를 죽이겠다고 협박했다.
• murder 살해하다

throat
[θrout]
054

명 목구멍, 목
I have a really sore throat.
목구멍이 정말 아파요.
• really 정말 • sore 아픈

T

through
[θruː]

055

전 꿰뚫어, 통과하여

We couldn't see through the mist.

우리는 안개 속을 볼 수 없었다.

- mist 안개

throughout
[θruːáut]

056

전 ~동안 죽, 내내

The party continued throughout the night.

파티는 밤새 계속되었다.

- continue 계속되다

throw
[θrou]

057

동 던지다, 내던지다

She threw a stone and broke the glass.

그녀는 돌을 던져 유리를 깨뜨렸다.

- stone 돌

thumb
[θʌm]

058

명 엄지손가락

The baby had a thumb in his mouth.

그 아기는 엄지손가락을 입에 넣고 있었다.

- mouth 입

thunder
[θʌ́ndər]

059

명 천둥, 우레

It started to thunder.

천둥이 치기 시작했어요.

ticket
[tíkit]

060

명 표, 티켓

Entrance to the theater is by ticket only.

극장 입장은 티켓으로만 가능합니다.

- Entrance 입장

tidy
[táidi]

061

형 깔끔한, 잘 정돈된

She keeps her flat very tidy.

그녀는 아파트를 아주 깔끔하게 해 놓습니다.

- keep 갖추어 놓다 • flat 아파트식 거주지

tie
[tai]

062

명 넥타이 동 묶다, 매다

He tied the animal to the fence.

그는 그 동물을 울타리에 묶었다.

- fence 울타리

tiger
[táigər]

063

명 호랑이

The tiger bit off a piece of meat.

호랑이가 고기를 물어뜯었습니다.

- bit 작은 조각 • piece 조각, 단편 • meat 고기

tight
[tait]

064

형 단단한

Make sure the jar has a tight lid.

용기에 뚜껑이 단단히 닫혀 있는지 확인해라.

- lid 뚜껑

till
[tíl]

065

전 까지

We're open till 9 o'clock.

우리는 9시까지 문을 엽니다.

time
[taim]

066

명 시간

There's no time to lose.

지체할 시간이 없습니다.

- lose 늦다

tiny
[táini]

067

형 아주 작은, 조그마한

It's a very, very tiny crack.

아주 아주 작은 금이 났어요.

- **crack** 금가게 하다

tire
[taiər]

068

동 피로해지다　명 타이어

After walking for two hours I began to tire.

두 시간 동안 걷고 난 후 나는 지치기 시작했다.

tired
[taiərd]

069

형 피곤한, 질린, 싫증난

I'm tired of your stupid remarks.

나는 당신의 어리석은 말에 지쳤습니다

- **stupid** 어리석은　• **remark** 발언

title
[táitl]

070

명 표제, 제목

Can you think of a good title?

좋은 제목을 생각해 보겠어요?

- **think** 생각하다

to
[tu:]

071

전 ~에게, ~로

My daughter will go to school next year.

내 딸은 내년에 학교에 갈 것이다.

- **daughter** 딸

today
[tədéi]

072

부 명 오늘

People travel more today than they used to.

오늘날 사람들은 예전보다 더 많이 여행한다.

- **travel** 여행하다

toe
[tou]

073

> 명 발가락
>
> **I'm afraid your toe has to be amputated.**
> 아무래도 발가락을 잘라 내야 할 것 같습니다.
>
> • **afraid** 생각하는   • **amputate** 자르다, 절단하다

together
[təgéðər]

074

> 부 함께, 같이
>
> **The people gathered together to protest.**
> 사람들은 항의하기 위해 모였습니다.
>
> • **gather** 모이다   • **protest** 항의

toilet
[tɔ́ilit]

075

> 명 화장실
>
> **Don't use up all the toilet paper.**
> 화장실 휴지 다 쓰지 마세요.

tomorrow
[təmɔ́:rou]

076

> 부 명 내일
>
> **Tomorrow is a national holiday, so I'm off.**
> 내일은 국경일이어서 쉽니다.
>
> • **national** 국경일   • **holiday** 휴일

ton
[tʌn]

077

> 명 톤
>
> **The weight is above a ton.**
> 무게는 1톤 이상입니다.
>
> • **weight** 무게   • **above** 이상으로

tone
[toun]

078

> 명 어조, 말투, 소리
>
> **I don't like your tone of voice.**
> 나는 너의 말투가 마음에 들지 않는다.

T

tongue
[tʌŋ]

079

명 혀

The doctor asked me to put out my tongue.
의사가 내게 혀를 내보이라고 말했습니다.

- doctor 의사 - ask 요구하다

tonight
[tənáit]

080

명 오늘 밤 부 오늘밤에

It is very sultry tonight.
오늘 밤은 무척 후텁지근해요.

- sultry 무더운

too
[tuː]

081

부 또한, 너무, 지나치게

It's too cold to go swimming.
수영하러 가기에는 너무 춥다.

- swimming 수영

tool
[tuːl]

082

명 도구, 연장

This is a suitable tool for the job?
이게 그 일에 적합한 도구인가요?

- suitable 적합한

tooth
[tuːθ]

083

명 이, 치아

The tooth hurts when I tap it.
치아를 건드리면 아픕니다.

- hurt 아프다 - tap 가볍게 두드리다

top
[tap]

084

명 맨 위, 꼭대기 형 최고의

We had reached the top of the mountain.
우리는 산의 정상에 다다랐습니다.

- reach 다다르다 - mountain 산

topic
[tápik]

085

명 화제, 주제

The topic we are studying this term is food.
이번 학기에 우리가 공부하고 있는 주제는 음식이다.

- **term** 기간

tortoise
[tɔ́ːrtəs]

086

명 거북

One day a rabbit and a tortoise met.
어느 날 토끼와 거북이가 만났습니다.

- **rabbit** 토끼　• **met** 만나다

total
[tóutl]

087

형 전체의, 합계의

What will the total cost be?
총 비용은 얼마입니까?

- **cost** 비용

touch
[tʌtʃ]

088

동 만지다

I felt her hand touch me.
그녀의 손이 내게 닿는 것을 느꼈습니다.

- **felt** 느껴지는

tough
[tʌf]

089

형 힘든, 강인한

He thinks he's a really tough guy.
그는 자신이 정말 터프하다고 생각한다.

- **guy** 남자, 사내

tour
[tuər]

090

명 관광여행

I'd like to take a sightseeing tour.
관광투어에 참가하고 싶습니다.

- **sightseeing** 관광

T

tourist
[túərist]

091

몡 관광객

Many foreign tourists come visit Jeju Island.
많은 외국인 관광객들이 제주도를 방문한다.

toward
[tɔːrd]

092

젠 ~쪽으로, 향하여

The sun declines toward the west.
해가 서쪽으로 기웁니다.

- decline 기울다 • west 서쪽

towel
[táuəl]

093

몡 타월

I don't have enough towels in my room.
내 방에 타월이 부족합니다.

- enough 충분한

town
[taun]

094

몡 작은 도시, 시내

We went to town to do some shopping today.
우리는 오늘 쇼핑을 하러 시내에 갔다.

toy
[tɔi]

095

몡 장난감

Children love getting new toys to play with.
아이들은 새로운 장난감을 가지고 노는 것을 좋아한다.

track
[træk]

096

몡 궤도, 통로 몽 ~을 지나가다

The trapper followed the fox's track.
사냥꾼은 여우의 뒤를 따랐다.

- trapper 사냥꾼 • fox 여우

349

trade
[treid]

097

> 명 매매, 무역
>
> The trade of our country grows larger every year.
>
> 우리나라의 무역은 해마다 증가합니다.
>
> • country 나라 • grow 성장하다 • larger 큰

tradition
[trədíʃən]

098

> 명 전통, 관습
>
> Traditions get established over time.
>
> 전통은 시간이 흐르면서 확립된다.
>
> • establish 수립하다

traffic
[trǽfik]

099

> 명 교통량
>
> There is heavy traffic on this expressway.
>
> 이 고속도로는 교통량이 많습니다.
>
> • heavy 대량의 • expressway 고속도로

train
[trein]

100

> 명 기차
>
> We've missed the train!
>
> 우리는 기차를 놓쳤어요!
>
> • miss 놓치다

training
[tréiniŋ]

101

> 명 훈련, 교육
>
> The company gave me an excellent training.
>
> 그 회사는 나에게 훌륭한 훈련을 시켰다.
>
> • excellent 훌륭한

transfer
[trænsfə́ːr]

102

> 명 옮기다, 이동하다
>
> The money will be transferred to your account.
>
> 돈은 당신의 계좌로 송금될 것입니다.
>
> • account 계좌

T

transport
[trænspóːrt]

103

명 수송　동 이동시키다

The transport of goods by air is very costly.
항공편으로 물건을 운반하는 것은 비용이 많이 든다.

- costly 대가가 큰

travel
[trǽvəl]

104

명 여행　동 여행하다

I travel whenever I have the chance.
나는 기회만 생기면 항상 여행을 합니다.

- whenever ~할 때에는 언제든지　• chance 기회

treasure
[tréʒər]

105

명 보물, 보배

Children are the treasure of our country.
어린이는 나라의 보배입니다.

treat
[triːt]

106

동 대하다, 취급하다

This glass must be treated with care.
이 잔은 반드시 조심해서 다루어야 한다.

- glass 유리　• care 돌봄

tree
[triː]

107

명 나무

There stands a nice tree on the hill.
그 언덕 위에는 멋진 나무가 서 있습니다.

- hill 언덕

trial
[tráiəl]

108

명 재판, 공판

There's no way she can win the trial.
그 여자는 재판에 이길 가능성이 없습니다.

- win 이기다

triangle
[tráiæŋgəl]
109

명 삼각형
The girl is drawing a triangle on the paper.
소녀는 종이 위에 삼각형을 그리고 있습니다.
• drawing 그리기 • paper 종이

trick
[trik]
110

명 속임수, 장난
We played a trick on our friends.
우리는 친구들에게 장난을 쳤다.

trip
[trip]
111

명 여행
This is my first trip overseas.
해외여행은 이번이 처음입니다.
• overseas 해외로 가는

tropical
[trápikəl]
112

형 열대지방의
They grow well only in tropical regions.
그것들은 열대 지역에서만 잘 자랍니다.
• grow 자라다 • region 지역

trouble
[trʌ́bəl]
113

명 문제, 곤란
She's had a lot of troubles recently.
그녀는 최근에 많은 어려움을 겪었다.
• recently 최근에

trousers
[tráuzərz]
114

명 바지
I'd like to have these trousers shortened.
이 바지를 줄이고 싶어요.
• shorten 짧게 하다

T

true
[tru:]

115

형 진실의, 정말인

The movie is based on a true story.

그 영화는 실화에 바탕을 두고 있다.

- based 기반을 둔

trust
[trʌst]

116

명 신뢰

I don't place any trust in his promise.

나는 그의 약속을 신뢰하지 않습니다.

- promise 약속

truth
[tru:θ]

117

명 진실, 사실

You must always tell the truth.

너는 항상 진실을 말해야 한다.

- must ~해야 한다

try
[trai]

118

동 해보다, 시도하다, 노력하다

Would you like to try my new car?

내 새 차를 한 번 써 보시겠습니까?

tube
[tju:b]

119

명 관, 튜브

The air in my tube is leaking out little by little.

튜브의 바람이 조금씩 새고 있어요.

- leak 새다 • little 조금

tune
[tju:n]

120

명 곡, 장단

The tune exactly fits the words.

곡이 가사에 꼭 들어맞아요.

- exactly 꼭 • fit 알맞은 • word 가사

tunnel
[tʌ́nl]

121

⟨명⟩ 터널, 지하도

They holed a tunnel through the hill.
그들은 그 언덕을 뚫어 터널을 냈습니다.

- hole 구멍, 굴 • through 꿰뚫어 • hill 언덕

turn
[təːrn]

122

⟨동⟩ 돌다, 돌리다

She turned the key in the lock.
그녀는 자물쇠에 열쇠를 넣고 돌렸다.

- lock 자물쇠

twin
[twin]

123

⟨명⟩ 쌍둥이

Jean and John are twins.
진과 존은 쌍둥이입니다.

twist
[twist]

124

⟨동⟩ 비틀다, 일그러지다

She twisted the ribbons together.
그녀는 리본을 꼬았다.

- ribbon 리본

type
[taip]

125

⟨명⟩ 유형, 양식

What type of plant is this?
이것은 어떤 종류의 식물인가?

- plant 식물

typical
[típikəl]

126

⟨형⟩ 전형적인, 대표적인

This is a typical Korean dinner.
이게 전형적인 한국 식사입니다.

- dinner 정찬, 저녁 식사

나는 내신 100점
영단어로 공부한다!!

U VOCA

대다나다

ugly
[ʌ́gli]
001

형 추한, 못생긴

He is ugly but very kind.
그는 못생겼지만 매우 친절합니다.

• kind 친절한

ultimate
[ʌ́ltəmət]
002

형 최후의, 최고의

Her house was the ultimate in luxury.
그녀의 집은 호화스러움의 극치였다.

• luxury 호화스러움

umbrella
[ʌmbrélə]
003

명 우산, 양산

Do you know where my umbrella is?
제 우산이 어디 있는지 아세요?

uncle
[ʌ́ŋkl]
004

명 아저씨, 삼촌, 숙부

My uncle is a famous minister.
우리 삼촌은 유명한 목사예요.

• famous 유명한   • minister 목사

unconscious
[ʌnkánʃəs]
005

형 무의식의, 의식을 잃은

The blow knocked him unconscious.
그 일격으로 그는 의식을 잃었다.

• blow 강타

under
[ʌ́ndər]
006

전 밑에, 아래에

They are talking under the tree.
그들은 나무 아래에서 이야기하고 있습니다.

• talking 이야기 하는   • tree 나무

underground

[ʌ́ndərgràund]

007

형 지하의 부 지하에

The waste is buried underground.

쓰레기가 지하에 묻혀 있다.

- waste 쓰레기   • bury 묻다

understand

[ʌ̀ndərstǽnd]

008

동 이해하다, 알아듣다

Do you understand what I'm saying?

내가 말하는 것을 이해했어요?

- say 말하다

underwear

[ʌ́ndərwɛ̀ər]

009

명 속옷, 내의류

I bought some underwear at the store.

나는 가게에서 속옷 몇 벌을 샀다.

- bought buy(사다)의 과거

unemployed

[ʌ̀nimplɔ́id]

010

형 실직한, 실업자의

He became unemployed last month.

그는 지난달에 실업자가 되었다.

unfair

[ənfɛ́r]

011

형 불공평한

It's unfair if she gets more than me.

그녀가 나보다 더 많이 얻는다면 불공평하다.

unfortunately

[ʌ̀nfɔ́ːrtʃənətli]

012

부 불행하게도

Unfortunately, I lost my wallet.

나는 불행하게도 지갑을 잃어버렸다.

- wallet 지갑

uniform
[júːnəfɔ̀ːrm]

013

명 유니폼, 제복

He looked very handsome in his uniform.

제복을 입은 그가 아주 잘생겨 보였습니다.

- very 아주 · handsome 잘 생긴

union
[júːnjən]

014

명 조합, 협회

They followed European Union regulations.

그들은 유럽연합의 규정을 따랐다.

- regulation 규정

unique
[juːníːk]

015

형 유일한, 독특한

Each person's voice is unique.

각 사람의 목소리는 독특합니다.

- each 각각

unit
[júːnit]

016

명 단위, 구성

The family is a small social unit.

가족은 작은 사회 단위입니다.

- social 사회의

unite
[juːnáit]

017

동 통합하다, 연합하다

Oil will not unite with water.

기름과 물은 혼합되지 않습니다.

- oil 기름 · water 물

universe
[júːnəvə̀ːrs]

018

명 우주

Stars fill every part of the universe.

별들이 우주의 모든 부분을 채운다.

- star 별

U

university
[jùːnəvə́ːrsəti]

019

명 대학교

I was just accepted by a university.

대학교에 합격했어요.

• accepted 일반에게 인정된

unless
[ənlés]

020

접 ~하지 않는 한

I won't go home unless my mom allows me.

엄마가 허락하지 않는한 집에 안 갈 것이다.

• allow 허락하다

until
[əntíl]

021

접 ~할 때까지

I think we'll wait until it's on sale.

세일때까지 기다릴 거라고 생각해요.

• think 생각하다   • sale 판매, 염가 매출

unusual
[ʌnjúːʒuəl]

022

형 특이한, 드문

It's unusual to have snow in May.

5월에 눈이 오는 것은 이례적이다.

• May 5월

up
[ʌp]

023

부 위로, 위쪽으로

I hear someone coming up the stairs.

누군가 계단을 올라오는 소리를 들었어요.

• someone 누군가   • stair 계단

upper
[ʌ́pər]

024

형 위쪽의, 더 위에 있는

I pulled down a book from on upper shelf.

나는 선반 위에서 책을 내렸다.

• pull 당기다   • shelf 선반

upset
[ʌpset]

025

형 화난, 속상한 동 속상하게 하다

He was upset, but held his temper.

그는 화가 났지만 감정을 억눌렀습니다.

- held hold(억누르다)의 과거·과거분사 • temper 성질

upstairs
[ʌpstéərz]

026

부 위층으로, 2층

She went upstairs to her bedroom.

그녀는 위층의 침실로 갔다.

- bedroom 침실

urgent
[ə́ːrdʒənt]

027

형 긴급한

It's not urgent, It can wait till tomorrow.

급한 일이 아니니 내일까지 기다릴 수 있다.

- till ~까지

use
[juːz]

028

동 사용하다, 쓰다

May I use this baggage cart?

여기에 있는 짐수레를 사용해도 됩니까?

- baggage 수화물 • cart 손수레

useful
[júːsfəl]

029

형 유용한, 쓸모있는

She gave us some very useful advice.

그녀는 우리에게 매우 유용한 충고를 해 주었다.

- advice 충고

usual
[júːʒuəl]

030

형 늘 하는, 평소의

I left home earlier than usual.

평소보다 일찍 집을 나왔습니다.

나는 내신 100점
영단어로 공부한다!!

VOCA

대다나다

vacant
[véikənt]

001

형 비어 있는

A room is vacant at the hotel.
호텔 객실이 비어 있습니다.

vacation
[veikéiʃən]

002

명 방학, 휴가

We'll take our vacation in July.
우리는 7월에 휴가를 갈 것이다.

- July 7월

vain
[vein]

003

형 헛된, 소용없는

We have not suffered in vain.
우리가 고생한 보람이 헛되지 않았어요.

- suffer 경험하다

valid
[vǽlid]

004

형 유효한, 정당한

Your train ticket is valid for three months.
너의 기차표는 3개월 동안 유효하다.

valley
[vǽli]

005

동 골짜기, 계곡

Every hill has its valley.
모든 언덕에는 골짜기가 있다.

value
[vǽljuː]

006

명 가치, 가격   동 소중하게 생각하다

No one knows the exact value of these jewels.
이 보석들의 정확한 가치를 아는 사람은 아무도 없다.

- exact 정확한

variety
[vəráiəti]

007

> 명 여러 가지, 다양성
>
> There is a variety of colours to choose from.
> 선택할 수 있는 색은 다양하다.
>
> - choose 선택하다

vary
[véəri]

008

> 동 다르다
>
> The date of Easter varies each year.
> 부활절 날짜는 매년 다르다.
>
> - Easter 부활절

vase
[veis]

009

> 명 꽃병
>
> A vase is placed on the table.
> 테이블 위에 꽃병이 놓여 있습니다.
>
> - place 장소

vegetable
[védʒətəbl]

010

> 명 채소, 야채
>
> The best-known Korean vegetable dish is Kimchi.
> 한국의 가장 유명한 야채 요리는 김치입니다.
>
> - known 알려진   - dish 한 접시(의 요리)

vehicle
[víːikl]

011

> 명 탈 것
>
> Two men alighted from the vehicle.
> 두 사람이 차량에서 내렸다.
>
> - alight 내리다

venture
[véntʃər]

012

> 명 모험, 모험적 사업
>
> We are ready to go on an venture.
> 우리는 모험을 떠날 준비가 되어 있다.

version
[və́:rʒən]

013

명 형태, 버전, 판

Recommend the easier version.

더 쉬운 버전을 추천하십시오.

- Recommend 추천하다

vertical
[və́:rtikəl]

014

형 수직의

Floors are horizontal and walls are vertical.

바닥들은 평평하고 벽들은 수직입니다.

- floor 마루, 지면   - horizontal 평평한

very
[véri]

015

부 아주, 매우

The traffic was moving very slowly.

차량들이 매우 느리게 움직이고 있었다.

- traffic 차량들   - slowly 느리게

victim
[víktim]

016

명 피해자, 희생자

She was a victim of cancer.

그녀는 암의 피해자였다.

- cancer 암

victory
[víktəri]

017

명 승리

Congratulations on your victory.

당신의 승리를 축하합니다.

- congratulation 축하

view
[vjuː]

018

명 경치

Isn't the view from here wonderful?

여기서 보는 경치가 훌륭하죠?

- wonderful 훌륭한

village
[vílidʒ]

019

명 마을

The village is located in the highlands.
그 마을은 고지대에 위치해 있습니다.

- locate 위치를 ~에 정하다 • highland 고지

violent
[váiələnt]

020

형 격렬한

A violent wind blew last night.
간밤에 바람이 드세게 불었습니다.

- wind 바람 • blew blow(불다)의 과거

violet
[váiəlit]

021

명 제비꽃, 바이올렛, 보라색

She tinted her nails with violet polish.
그녀는 손톱을 보랏빛으로 물들였습니다.

- tint 엷은 색깔 • nail 손톱 • polish 닦다

virtue
[vɔ́ːrtʃuː]

022

명 미덕, 덕목

Humility is the foundation of all virtues.
겸손은 미덕의 근본이다.

- humility 겸손 • foundation 토대

visible
[vízəbl]

023

형 눈에 보이는, 뚜렷한

Stars are only visible at night.
별은 밤에만 보인다.

visit
[vízit]

024

동 방문하다

What's the purpose of your visit?
방문 목적이 무엇입니까?

- purpose 목적

vital
[váitl]

025

> 형 필수적인
>
> **There is no more vital element than water.**
> 물보다 더 필수적인 요소는 없습니다.
>
> • more 더 많은 • element 요소

voice
[vɔis]

026

> 명 목소리
>
> **She called me in a loud voice.**
> 그녀는 큰 목소리로 나를 불렀습니다.
>
> • call 부르다 • loud 큰

volcano
[valkéinou]

027

> 명 화산
>
> **An active volcano may explode at any time.**
> 활화산은 언제라도 폭발 할 수 있습니다.
>
> • explode 터지다, 폭발하다

volume
[váljuːm]

028

> 명 용적, 음량
>
> **I'd better turn down the volume.**
> 볼륨을 좀 줄이는 게 낫겠네요.
>
> • better 보다 많이 • down 아래로

vote
[vout]

029

> 명 투표 동 투표하다
>
> **The question will be settled by a vote.**
> 그 문제는 표결에 의해 해결될 것이다.
>
> • settle 해결하다

voyage
[vɔ́iidʒ]

030

> 명 항해
>
> **I hope you'll have a pleasant voyage.**
> 즐거운 항해가 되도록 빕니다.
>
> • hope 희망 • pleasant 즐거운

나는 내신 100점
영단어로 공부한다!!

W VOCA

대다나다

wage
[weidʒ]
001

图 임금, 급료
My wage had not increased for two years.
나의 임금은 2년 동안 인상되지 않았다.
- increase 증가하다

waist
[weist]
002

图 허리
It's a nice skirt, but too big round the waist.
멋진 치마지만 허리둘레가 너무 크다.
- skirt 치마

wait
[weit]
003

图 기다리다
I've been waiting for two hour.
두 시간을 기다렸습니다.
- hour 시간

waiter
[wéitər]
004

图 웨이터
How much should I tip the waiter?
웨이터에게 팁을 얼마나 주면 되나요?
- tip 봉사료

wake
[weik]
005

图 잠이 깨다, 깨어 일어나다
I'd like a wake-up call tomorrow morning.
내일 아침에 전화로 깨워 주셨으면 합니다.

walk
[wɔːk]
006

图 걷다   图 걷기, 산책
He was walking along the rope.
그는 밧줄을 따라 걷고 있었다.
- rope 밧줄

wall

[wɔːl]

007

⟮명⟯ 벽, 담

The car clashed into the wall.

자동차가 벽에 부딪쳤습니다.

- clash 충돌

---

wallet

[wálit]

008

⟮명⟯ 지갑

I lost my wallet in the subway

지하철에서 지갑을 잃어버렸습니다.

- lost 잃은   - subway 지하철

---

wander

[wándər]

009

⟮동⟯ 헤매다, 돌아다니다

He likes to wander from street to street.

그는 여기 저기 돌아다니는 것을 좋아합니다.

- like 좋아하다   - street 거리

---

want

[wɔːnt]

010

⟮동⟯ 원하다, 하고 싶다

I don't want you to help me.

나는 당신이 도와주는 것을 바라지 않습니다.

- help 돕다

---

war

[wɔːr]

011

⟮명⟯ 전쟁

The navy is preparing to go to war.

해군은 전쟁 준비를 하고 있다.

- navy 해군   - prepare 준비하다

---

warm

[wɔːrm]

012

⟮형⟯ 따뜻한

We sat down in front of the warm fire.

우리는 따뜻한 불 앞에 앉았다.

- in front of ~의 앞쪽에

warn
[wɔːrn]

013

〔동〕 경고하다

I warned her not to go.
나는 그녀에게 가지말라고 경고했다.

wash
[waʃ]

014

〔동〕 씻다

These clothes only wash in cold water.
이 옷은 찬물에서만 세탁한다.

waste
[weist]

015

〔동〕 낭비하다

The meeting was a complete waste of time.
그 회의는 완전히 시간 낭비였다.

• complete 완전한

watch
[watʃ]

016

〔명〕 손목시계 〔동〕 지켜보다, 구경하다

I could feel that someone was watching me.
누군가가 나를 지켜보고 있다는 것을 느낄 수 있었다.

• someone 누군가

water
[wɔ́ːtər]

017

〔명〕 물

Would you like a glass of water?
물 한 잔 드시겠어요?

wave
[weiv]

018

〔명〕 파도, 물결

We played in the waves.
우리는 파도 속에서 놀았다.

way

[wei]

019

명 길, 도로

Isn't there a faster way to get there?

빠른 길이 없을까요?

• faster 빠른

---

we

[wiː]

020

대 우리

We saw a car coming towards us.

우리는 차가 우리를 향해 오는 것을 보았다.

• toward ~을 향하여

---

weak

[wiːk]

021

형 약한, 힘없는, 허약한

I still feel a bit weak after my illness.

앓고 났더니 아직도 몸이 허약하다.

• illness 병

---

wealth

[welθ]

022

명 부, 재산

His wealth increased year by year.

그의 재산은 해마다 증가했다.

• year by year 해가 갈수록

---

weapon

[wépən]

023

명 무기

A arrow is a primitive weapon.

화살은 원시적인 무기입니다.

• arrow 화살   • primitive 원시적인

---

wear

[wɛər]

024

동 입다

I have nothing fit to wear.

입기에 마땅한 것이 없어요.

• nothing 아무 것   • fit 마땅한

weather
[wéðər]

025

명 날씨, 기후

We had fine weather yesterday.

어제 날씨가 좋았습니다.

• fine 좋은   • yesterday 어제

web
[web]

026

명 웹, 인터넷, 거미줄

Your company's web doesn't open.

당신 회사의 웹이 열리지 않는다.

wedding
[wédiŋ]

027

명 혼례, 결혼식

Where do you want the wedding to be?

결혼식은 어디서 하길 원해요?

• where 어디서   • want 원하다

week
[wiːk]

028

명 주, 1주일

It has been snowing since last week.

지난주부터 눈이 계속 내리고 있습니다.

• snowing 눈이 내리다   • since 그 이래

weekend
[wíːkènd]

029

명 주말

Did you have a nice weekend?

주말 잘 보내셨어요?

weight
[weit]

030

명 무게, 체중

He's put on a lot of weight recently.

그는 최근에 살이 많이 쪘다.

• recently 최근에

welcome
[wélkəm]

031

图 환영하다

She gave us a cordial welcome.
그녀는 우리를 진심으로 환영했습니다.

• cordial 충심으로부터의

well
[wel]

032

图 잘, 훌륭하게

He finished well within the time allowed.
그는 허락된 시간 내에 잘 끝마쳤다.

• allow 허락하다

wet
[wet]

033

图 젖은

I got completely wet walking over here.
여기 오는 길에 흠뻑 다 젖었어요.

• completely 완전히

what
[hwát]

034

图 무엇, 무슨

I know what you're talking about.
당신이 무슨 말을 하는지 알아요.

• know 알다

whatever
[hwatévər]

035

图 어떤 ~일지라도　图 어떤 종류의 것도

Whatever happens I believe in you.
무슨 일이 있어도 나는 당신을 믿습니다.

• happen 일어나다, 생기다　• I believe 믿다

wheat
[hwiːt]

036

图 밀

Can you distinguish wheat from barley?
밀과 보리를 식별할 수 있습니까?

• distinguish 구별하다　• barley 보리

wheel
[hwiːl]

037

명 바퀴

The wheels were foul with mud.
바퀴는 진흙투성이가 되어 있었다.

- foul 더러운
- mud 진흙

when
[hwən]

038

부 언제

When did you learn swimming?
수영을 언제 배웠습니까?

- learn 배우다
- swimming 수영

where
[hwɛər]

039

부 어디에

Where were you yesterday?
너는 어제 어디에 있었니?

which
[hwitʃ]

040

대 어느, 어느 것

Which one do you like best?
어느 게 가장 좋니?

while
[hwail]

041

접 ~하는 동안

I read a lot while I was at college.
나는 대학 다닐 때 책을 많이 읽었다.

- college 단과 대학

whisper
[hwíspər]

042

동 속삭이다

She whispers in my ear and says.
그녀가 나의 귀에 대고 속삭이며 말했다.

white

[wait]

043

형 흰색의

She was wearing a white dress.

그녀는 흰 드레스를 입고 있었다.

---

who

[hu:]

044

대 누구

Who will challenge the champion?

누가 챔피언에게 도전할 것인가요?

• challenge 도전

---

whole

[houl]

045

형 전부의

I spent the whole day in bed.

나는 하루 종일 침대에서 보냈다.

• spent spend(보내다)의 과거

---

why

[hwai]

046

부 왜, 어째서

There must be a reason why he refused.

그가 거절한 데는 이유가 있을 것이다.

• reason 이유 • refuse 거절하다

---

wide

[waid]

047

형 폭이 넓은

We had to cross a wide river.

우리는 넓은 강을 건너야 했다.

• cross 건너다

---

wife

[waif]

048

명 아내

How is your wife doing?

아내는 잘 지내고 있습니까?

wild
[waild]

049

형 야생의

They are wild animals and can be dangerous.
그들은 야생동물이며 위험할 수 있다.
- dangerous 위험

will
[wil]

050

조 ~일 것이다

It will probably rain tomorrow.
내일은 아마 비가 올 것이다.
- probably 있을꺼 같은

win
[win]

051

명 승리 동 이기다

I was delighted when my team won.
우리 팀이 이겼을 때 나는 기뻤다.
- delight 기쁨

wind
[wind]

052

명 바람

The bridge is closed due to high winds.
그 다리는 강풍으로 폐쇄되었다.
- bridge 다리 • due ~로 인한

window
[wíndou]

053

명 창문

Would you please close the window?
창문을 좀 닫아 주시겠어요?

wine
[wain]

054

명 포도주

The wine tastes great.
포도주 맛이 아주 좋습니다.
- taste 맛 • great 굉장한

wing
[wiŋ]
055

명 날개
The bird beat its wings as it flew away.
그 새는 날아가면서 날개를 펄럭였습니다.
- bird 새 - beat 치다 - flew 날다

winter
[wíntər]
056

명 겨울
Does it snow here in winter?
여기는 겨울에 눈이 오니?

wipe
[waip]
057

동 닦다, 훔치다
Please wipe your feet on the mat.
매트에 발을 닦아 주세요.
- feet foot(발)의 복수

wire
[waiər]
058

명 전선 동 전선을 연결하다
There were electrical wires all over the floor.
바닥에는 온통 전선이 깔려있었다.
- electrical 전기의

wise
[waiz]
059

형 슬기로운
You have made a wise decision.
당신은 현명한 결정을 내렸습니다.
- decision 결정

wish
[wiʃ]
060

동 바라다
I wish that I could become slimmer.
날씬해졌으면 정말 좋겠어요.
- slimmer 호리호리한

377

with
[wið]

061

전 함께

She lives with her parents.
그녀는 부모님과 함께 살아요.

within
[wiðín]

062

전 이내에 부 내부에서

I live within commuting distance of Seoul.
나는 서울의 통근 거리 내에서 삽니다.

- commuting 통근하다 • distance 거리

without
[wiðáut]

063

전 ~없이

No fine work can be done without toil.
그 어떤 훌륭한 일도 노력 없이는 이루어질 수 없습니다.

- fine 훌륭한 • work 일 • toil 수고하다

woman
[wúmən]

064

명 여자, 여성

What was the woman's name?
여자의 이름은 무엇입니까?

- name 이름

wonder
[wʌ́ndər]

065

동 궁금하다

I wonder what really happened.
정말 무슨 일이 일어났는지 궁금하다.

wonderful
[wʌ́ndərfəl]

066

형 훌륭한, 멋진

We had a wonderful time.
우리는 즐거운 시간을 보냈다.

w

wood
[wud]

067

명 목재, 재목

We need more wood for the fire.

우리는 불을 피울 나무가 더 필요하다.

wool
[wul]

068

명 양털

Wool shrinks when washed.

양모는 빨면 줍니다.

- shrink 오그라들다 • wash 빨다

word
[wəːrd]

069

명 단어, 낱말

I can't think of the right word.

나는 올바른 단어를 생각할 수 없습니다.

work
[wəːrk]

070

명 일 동 일하다

When I grow up I want to work in a bank.

나는 커서 은행에서 일하고 싶다.

- grow up 자라다 • bank 은행

world
[wəːrld]

071

명 세계, 세상

The holiday did me a world of good.

그 휴가는 나에게 좋은 세상을 만들어 주었다.

- holiday 휴일

worry
[wəːri]

072

동 걱정하다

It worries me that he's working so hard.

그가 그렇게 열심히 일하는 것이 걱정스럽다.

worth

[wəːrθ]

073

형 가치가 있는

This fact is worthy of notice.

이 사실은 주목할 만한 가치가 있습니다.

- fact 사실 - notice 주목

would

[wəd]

074

조 ~할 것이다

She would do anything for her parents.

그녀는 부모를 위해 무엇이든 할 것입니다.

wound

[wuːnd]

075

명 상처, 부상   동 상처입히다

The explosion wounded a lot of people.

그 폭발로 많은 사람들이 다쳤다.

- explosion 폭발

wrap

[ræp]

076

동 감싸다, 포장하다

Could you wrap it up as a gift?

선물용으로 포장해 주시겠습니까?

- gift 선물

write

[rait]

077

동 쓰다

Please write your name here.

여기에 이름을 쓰십시오.

wrong

[rɔ́ːŋ]

078

형 나쁜, 잘못된, 틀린

The information that he gave us was wrong.

그가 우리에게 준 정보는 틀렸다.

- information 정보

나는 내신 100점
영단어로 공부한다!!

XYZ
VOCA

대다나다

X-ray
[éksrèi]

001

명 광선, 엑스레이

What was the result of my X-ray?
제 엑스레이 결과가 어떻게 나왔습니까?

* result 결과

xylophone
[záiləfòun]

002

명 실로폰

A girl is playing the xylophone.
소녀가 실로폰을 연주하고 있다.

yard
[jɑːrd]

003

명 마당, 뜰

I let my dog loose in the yard.
나는 개를 마당에 풀어 놓았다.

* loose 풀린

yawn
[jɔːn]

004

동 하품하다

It is bad manners to yawn in company.
사람들 앞에서 하품하는 것은 실례입니다.

* bad 나쁜 * manner 예의. 매너 * company 모인 사람들

year
[jiər]

005

명 해, 년

My son is five years old.
내 아들은 다섯 살이다.

yell
[jel]

006

동 소리지르다

The man yelled at us to go away.
그 남자는 우리에게 가라고 소리쳤다.

Y

yellow
[jélou]
007

형 노란색의　명 노랑
Red, yellow, and green are colors.
빨강, 노랑, 녹색은 색깔입니다.

yes
[jes]
008

감 네
Yes, hold on for just a moment.
예, 잠시 기다려주십시오.

yesterday
[jéstərdèi]
009

명 어제
What made you come here yesterday?
어제 이곳에 무슨 일로 오셨지요?

yet
[jet]
010

부 아직, 벌써
Didn't you send that fax yet?
팩스 아직 보내지 않았습니까?
- send 보내다

yield
[ji:ld]
011

동 산출하다　명 총수익
His business yields big profits.
그의 사업은 큰 이익을 낳는다.
- profit 이익, 수익

you
[ju:]
012

대 너, 너희들, 당신(들)
You don't know how much I love you.
내가 얼마나 당신을 사랑하는지 당신은 모릅니다.

young
[jʌŋ]
013

형 젊은, 어린

Most of the teachers here are quite young.

이곳의 선생님들은 대부분 꽤 젊다.

youth
[juːθ]
014

명 젊음, 청년

The youth of today are better educated.

오늘날의 젊은이들은 더 나은 교육을 받았다.

zebra
[zíːbrə]
015

명 얼룩말

How many zebras are there in the zoo?

동물원에는 얼룩말이 몇 마리 있어요?

- many 많은　• zoo 동물원

zero
[zíərou]
016

명 영(0), 영의

His bank balance is close to zero.

그의 통장 잔고는 제로에 가깝습니다.

- bank 은행　• balance 잔액

zone
[zoun]
017

명 지역, 구역

Japan is in an earthquake zone.

일본은 지진 지대에 속해 있습니다.

- earthquake 지진

zoo
[zuː]
018

명 동물원

Here we are. This is the zoo.

다 왔습니다. 동물원입니다.

영어에서 절대적으로
외워야할

불규칙 동사 변환표
& 형용사 불규칙 변화

대다나다

불규칙 동사 변환표

현재형	과거형	과거완료형(p.p.)
be ~이다/ 있다	was/were	been
bear 낳다	bore	born/borne
beat 때리다	beat	beaten
become ~이 되다	became	become
begin 시작하다	began	begun
bend 구부리다	bent	bent
bind 구부리다, 감다	bound	bound
bite 물다	bit	bitten
bleed 피를 흘리다	bled	bled
blow (바람이) 불다	blew	blown
break 부수다	broke	broken
bring 가져오다	brought	brought
build 세우다	built	built
burn (불)타다, 태우다	burned/burnt	burned/burnt
buy 사다	bought	bought
cast 던지다	cast	cast
catch 붙잡다	caught	caught
choose 선택하다	chose	chosen

come 오다	came	come
cost 비용이 들다	cost	cost
cut 자르다	cut	cut
deal 다루다, 취급하다	dealt	dealt
dig (땅을) 파다	dug	dug
do 하다	did	done
draw 끌어당기다	drew	drawn
dream 꿈꾸다	dreamed/ dreamt	dreamed/ dreamt
drink 마시다	drank	drunk
drive 운전하다	drove	driven
eat 먹다	ate	eaten
fall 떨어지다	fell	fallen
feed 먹이다, 기르다	fed	fed
feel 느끼다	felt	felt
fight 싸우다	fought	fought
find 발견하다	found	found
fit ~에 꼭 맞다	fit / fitted	fit / fitted
flee 도망치다	fled	fled
fly 날다, 날리다	flew	flown
forget 잊다	forgot	forgotten
forgive 용서하다	forgave	forgiven
freeze 얼다, 얼리다	froze	frozen

get 얻다	got	gotten/got
give 주다	gave	given
go 가다	went	gone
grow 자라다	grew	grown
hang 걸다, 매달다	hung	hung
have 가지다, 먹다	had	had
hear 듣다	heard	heard
hide 숨기다	hid	hidden/hid
hit 때리다	hit	hit
hold 붙잡고 있다	held	held
hurt 상처 내다	hurt	hurt
keep 유지하다	kept	kept
know 알다	knew	known
lay ~을 ~에 두다	laid	laid
lead 이끌다	led	led
learn 배우다	learned/learnt	learned/learnt
leave 떠나다	left	left
lend 빌려 주다	lent	lent
let ~에게 ~시키다	let	let
lie 눕다	lay	lain
light 불을 붙이다	lit/lighted	lit/lighted
lose 잃다	lost	lost
make 만들다	made	made

mean 의미하다	meant	meant
meet 만나다	met	met
mistake 오해하다, 착각하다	mistook	mistaken
pay 지불하다	paid	paid
put ~에 놓다	put	put
quit ~을 그만두다	quit	quit
read 읽다	read	read
ride (탈것에) 타다	rode	ridden
ring (벨이) 울리다	rang	rung
rise (해, 달이) 뜨다	rose	risen
run 뛰다	ran	run
say 말하다	said	said
see 보다	saw	seen
sell 팔다	sold	sold
send 보내다	sent	sent
set 놓다	set	set
shake 흔들다	shook	shaken
shine 빛나다	shone	shone
shoot 쏘다	shot	shot
show 보여 주다	showed	shown
shut 닫다	shut	shut
sing 노래하다	sang	sung
sit 앉다	sat	sat

sleep 자다	slept	slept
slide 미끄러지다	slid	slid
smell 냄새 맡다	smelled/smelt	smelled/smelt
speak 말하다	spoke	spoken
spend 소비하다	spent	spent
spread 펼치다, 뿌리다	spread	spread
spring 튀다	sprang	sprung
stand 서다, 참다	stood	stood
steal 훔치다	stole	stolen
stick 들러붙다	stuck	stuck
sting 찌르다	stung	stung
strike 치다	struck	struck
swear 맹세하다	swore	sworn
sweep 쓸다 청소하다	swept	swept
swim 수영하다	swam	swum
swing 흔들다	swung	swung
take 잡다	took	taken
teach 가르치다	taught	taught
tear 찢다	tore	torn
tell 말하다	told	told
think 생각하다	thought	thought
throw 던지다	threw	thrown
understand 이해하다	understood	understood

wake (잠에서) 깨다	woke	woken
wear 입다	wore	worn
win 이기다	won	won
withdraw 물러나다	withdrew	withdrawn
write 쓰다	wrote	written

형용사 비교급 불규칙 변화

원급	비교급	최상급
good 좋은	better	best
well 잘	better	best
bad 나쁜	worse	worst
ill 아픈	worse	worst
many 많은	more	most
much 많은	more	most
little 조금은	less	least
late (시간상) 늦은	later	latest
late (순서상) 늦은	latter	last
old (시간) 나이 든	older	oldest
old (순서) 연상의	elder	eldest
far (거리) 먼	farther	farthest
far (정도, 시간, 수량) 멀리	further	furthest

무작정 외우는 중학 영단어

1판 1쇄 인쇄 2020년 1월 15일
1판 1쇄 발행 2020년 1월 20일

엮은이 영어교재연구원
펴낸이 윤다시
펴낸곳 도서출판 예가

주 소 서울시 영등포구 영신로 45길 2
전 화 02-2633-5462   팩스 02-2633-5463
이메일 yegabook@hanmail.net   블로그 http://blog.daum.net/yegabook
등록번호 제 8-216호

ISBN 978-89-7567-605-5 13740